W0204346

Nina Brunetto

Dinner mit dem Abt

NINA BRUNETTO

Dinner mit dem Abt

Mein Umweg zum Glauben

VIER TÜRME

Für Frank

Inhalt

Vorwort

Dinner mit der Autorin

Es war für die Abtei Münsterschwarzach ein echtes Experiment, eine »Buchmesse im Kloster« stattfinden zu lassen, an der verschiedene christliche Verlage teilnehmen würden. Mein Wunsch war es, dass wir Wege finden, wie die christliche Botschaft heute zu den Menschen kommt. Ich bin davon überzeugt, dass sie gerade in der heutigen Zeit den Menschen Wegweisung und Richtung geben kann. Bei allem, was Religion und Kirche im Lauf der Geschichte immer wieder daran verdunkelt hat, beinhaltet diese Botschaft der Liebe und Barmherzigkeit noch immer eine Antwort auf die Fragen unserer Zeit.

Dann wurde unser Experiment im Mai 2023 Wirklichkeit: Autoren, Verlage und Buchhändler bildeten mit den Besuchern ein bunt gemischtes Publikum. Es war echtes Interesse an spiritueller Literatur zu spüren. Am Abend hatten der Vier-Türme-Verlag und die Abtei zu einem festlichen Abendessen im Kloster eingeladen. Einige der Teilnehmerinnen und Teilnehmer hatte ich schon über den Tag kennengelernt, andere waren mir noch fremd.

Normalerweise sitzt der Abt bei solchen Anlässen mit den Honoratioren des Abends »am Hochaltar«, weil es oft so erwartet wird. Dieses Mal war allerdings der Speisesaal so vorbereitet, dass den Gästen mit Tischkärtchen bestimmte Plätze zugewiesen wurden. Ich musste erst suchen, wo ich denn sitze. An einem Tisch war noch ein Platz frei und das war der meine. Ich kannte eigentlich nur die Benediktinerin, die dort schon Platz genommen hatte. Als ich mich niederließ, spürte ich das Erstaunen der Gäste, dass ich an ihrem Tisch sitze. Und ich meinerseits fand es lustig und interessant, mit mir ganz fremden Menschen den Abend zu verbringen. Nach und nach stellten sich alle vor.

Neben mir saß eine sympathische junge Frau – wie ich später erfuhr, war es Nina Brunetto, die Autorin dieses Buchs. Wir kamen ins Gespräch. Sie war die Partnerin eines Autors unseres Verlages. Es stellte sich heraus, dass sie mit Kirche und Religion nicht viel am Hut hatte. Ich fand das interessant und dachte mir: Das sind genau die Menschen, die Benedikt in seiner Regel meint, wenn er schreibt: »*Alle* Fremden, die kommen, sollen aufgenommen werden wie Christus; denn er wird sagen ›Ich war fremd, und ihr habt mich aufgenommen‹. Allen erweise man die angemessene Ehre« (Regel Benedikts 53,1f). Er fragt also nicht, ob jemand katholisch oder evangelisch ist oder irgendeine andere oder gar keine Religion hat. Er sieht den Menschen und in ihm sieht er Christus. Im Kloster sollen alle Menschen willkommen sein, die auf der Suche sind und eine Sehnsucht in ihrem Herzen haben.

Mönche sind ein Leben lang Sucher, Gott-Sucher. Deshalb freuen wir uns über Menschen, die mit uns auf der Suche sind. Wir bieten den Raum, Anteil zu nehmen an unserer Weise, Gott zu suchen. So fand ich es interessant, mich mit meiner Tischnachbarin über ihre Suche auszutauschen. Ich hörte ganz wach hin, als sie davon sprach, dass sie als Kind Gebete gesprochen hatte und auch immer wieder in Berührung mit dem Göttlichen kam. Das schien ihr gar nicht bewusst gewesen zu sein.

Ich staune immer wieder, auf welche Weise Gott Menschen ansprechen kann, wie unterschiedlich sie von ihm berührt und getroffen werden. Ich bin in einem katholischen Elternhaus aufgewachsen. Der Glaube, das Gebet und die kirchliche Sozialisation waren selbstverständlich. Ich bin meinen Eltern sehr dankbar, dass ich Glaube und Kirche immer als Freiheit erleben durfte. In dieser Atmosphäre bin ich groß geworden, und es gab mir Halt und Orientierung. Mein Gottesbild hat sich dabei immer wieder verändert. Als Kind war es der gute Vater im Himmel. Als Jugendlicher habe ich ihn als Freund entdeckt, dem ich alles erzählen kann, der mich versteht, bei dem es keine Missverständnisse gibt. Er ist mit mir Fahrrad gefahren und ich habe mit ihm einfach gesprochen. Später wurde mir das stille Sitzen, das Sein in Gottes Gegenwart wichtig. Egal, was ich tue und wo ich bin, ich werde von ihm liebevoll angeschaut. Ich kann nicht aus ihm herausfallen. Der Vers aus der Apostelgeschichte trifft meine Gottesbeziehung: »In ihm leben wir, bewegen wir uns und sind wir« (Apostelgeschichte 17,28).

Nina Brunettos Buch gibt Zeugnis einer spannenden Suche nach Gott. Es lässt spüren, dass es um ein tiefes Inneres geht, das die Autorin ahnt, schon geschmeckt hat und das sie nicht mehr loslässt. Das Buch kann eine Ermutigung sein, die Spuren Gottes im eigenen Leben zu entdecken. Sie sind oft unscheinbar, versteckt, zeigen sich auf verschlungenen Wegen erst im Nachhinein. Manchmal scheint das Erlebte überhaupt nichts mit Gott zu tun zu haben. Und doch ist er präsent – auch in allen biografischen Brüchen und scheinbaren Ungereimtheiten.

Münsterschwarzach, im Winter 2023
Abt Michael Reepen

Dinner mit dem Abt

Wieso sollte jemand ausgerechnet mich hier platzieren? Neben dem Abt höchstpersönlich? Ich war niemand. Wusste nicht mal, ob ich hier sein durfte. Die Hände unsicher im Schoß gefaltet, stellte ich mich den anderen am Tisch vor. Sechs Menschen, alle mehr oder weniger mit der Kirche verbandelt. Verlagsleute, Autoren und Autorinnen, Buchhändler und Buchhändlerinnen – und ich. Die Sängerin, die eigentlich nur Begleitung war und hübsch aussah. Ich versuchte, die Schrift auf dem Platzkärtchen neben mir zu entziffern – der Platz war noch leer –, als sich bereits der ganze Tisch ehrfürchtig einer ankommenden Person zuwandte: das lange schwarze Gewand, das große Kreuz vor der Brust. Etwas orientierungslos wie wir alle erkannte er seinen Platz und setzte sich genauso verwundert, wie ich es war, neben mich. Ein Raunen am Tisch: »Oho, der Abt höchstpersönlich. Willkommen an unserem bescheidenen Tisch.«

Lautes Lachen. Ich rutschte unsicher auf meinem Stuhl herum. Nachdem er sich dem ganzen Tisch vorgestellt hatte, streckte er mir die Hand entgegen: »Entschuldigen Sie, wer Sie sind, habe ich jetzt gar nicht mitbekommen. Warum sind Sie hier?«

Beinahe hätte ich laut losgelacht und gesagt: »Das frage ich mich auch!«, aber ich lächelte stattdessen, gab dem Abt meinen besten Händedruck – nicht zu lasch und nicht zu fest – und stellte mich vor: »Ich bin Nina und eigentlich nur die Begleitung von einem Ihrer Autoren. Er hatte heute eine Lesung hier und ich habe die Musik beigesteuert. Also, ich bin auch die Lebensgefährtin beziehungsweise seine Frau, wissen Sie?«

Hätte ich meinen Nachnamen nennen sollen? Zu spät. Der Abt lächelte vergnügt. »Ach, schön, schön.«

Genau. Schön, schön. Hoffentlich kam keiner hier am Tisch darauf, dass ich mich fühlte wie eine Hochstaplerin kurz vor dem Auffliegen.

Sobald alle Gäste ihren Platz gefunden hatten, hielt der wohl bekannteste Autor und Mönch des Klosters, Anselm Grün, eine kurze Begrüßungsansprache. Und dann kam das, was ich bereits befürchtet hatte: »Nun lassen Sie uns gemeinsam das Tischgebet sprechen.« Während alle anderen den Kopf senkten und ihre Hände auf dem Tisch oder im Schoß verschränkten, tat ich es ihnen gleich und spinkste im Augenwinkel, was ich tun musste. Bloß nicht auffliegen, dachte ich. Tu einfach so, als wäre das Tischgebet für dich das Normalste auf der Welt.

Schon nach einer Minute war es vorbei. Alle bekreuzigten sich. Ich versäumte es beschämt, doch gerade noch rechtzeitig kam mir das leise »Amen« über die Lippen, und keiner bemerkte meine Verfehlung. Glück gehabt. Während der erste Gang und – Gott sei Dank! – der Wein serviert wurde, begannen auch schon die Gespräche unter den Gästen. Man fragte sich darüber aus, für welchen Verlag man arbeite, welches Buch man veröffentlicht habe, tauschte sich über den Buchhandel aus. Die ältere, auf mich ganz erhaben wirkende Benediktinerin an unserem Tisch erzählte, welches Kloster sie wo geleitet hatte, der Abt hörte zu und freute sich sichtlich an der Gesellschaft. Nur ich fand keinen richtigen Anschluss. Natürlich nicht. Ich hatte es ja auch schon von vornherein genau so erwartet. Man liegt, wie man sich bettet. Ich lächelte, nickte, versuchte, mich zu beteiligen, wusste aber nichts Kluges zu sagen und hielt mich stattdessen an meinem Weinglas fest. Mit den Lippen. Dabei waren die Menschen um mich herum so nett und freundlich, sie lächelten viel, waren offen, neugierig. Und wir alle waren in der gleichen Situation: Wir kannten uns nicht und waren von einer gewieften Frau im Verlag absichtlich von unseren Bekannten, Freunden, Kollegen getrennt platziert worden. Schließlich sind die Kirche und auch dieses Kloster Orte der Begegnung. Mein Mann und ich waren dennoch wie alle anderen sehr verwundert, als uns am Eingang zum Festsaal gesagt wurde, an welchen *beiden* Tischen wir sitzen würden. Ich konnte immer noch nicht glauben, dass ich unter den vielen möglichen Kombinationsmöglichkeiten zwischen den rund einhundert Gästen ausgerechnet neben dem Abt saß. Manche hätten wohl behauptet, da wäre so etwas wie Fügung im Spiel gewesen.

Ich saß also weiter da, versuchte unbeholfen, mich in die Gespräche einzubringen, was mir nicht so richtig gelingen wollte. Der Wein wurde zum Glück immer wieder von freundlichen Brüdern, die sich Schürzen um ihren schwarzen Habit gebunden hatten, nachgeschenkt. Solange ich mein Glas zum Mund führte, musste ich nicht reden und konnte nichts Dummes, Ungehobeltes oder Taktloses sagen. Doch dann wandte sich der Abt zu mir: »Und Sie machen also Musik? Darf ich fragen, welcher Art? Ich entschuldige mich, dass ich nicht bei der Lesung war.« Kurze Irritation meinerseits. Der Abt entschuldigte sich? Bei mir? Ich sammelte mich. Sollte ich ihm jetzt sagen, dass ich ein Stück von Lana Del Rey gesungen hatte? Das beginnt mit der Zeile: »God damn, man child, you f***** me so good that I almost said: I love you«? Oder ein Stück von Frank Sinatra, in dem er einem Barkeeper von seiner Verflossenen erzählt? Wo hatte ich mich hier nur reinmanövriert? Ich tastete mich vorsichtig vor: »Wir haben gemeinsam Lieder ausgesucht, die zu den vorgelesenen Texten passten.«

»Schön, schön. Lieder welcher Art denn?«
Ich war noch nicht von der Angel.

»Ein bisschen Jazz und Pop, Texte und Künstler, die irgendwie was mit dem Buch zu tun haben. Musik über die Liebe, die Sehnsucht ... Sowas.«
Freundliches Nicken.

In diesem Moment wurde um Ruhe gebeten und das Buffet für eröffnet erklärt. Ich fühlte mich ein bisschen erlöst. Wir stellten uns gemeinsam an, der Abt und ich. Hinter und vor uns die anderen Gäste unseres Tisches. Ein Verlagsleiter, der zu meiner Linken am Tisch saß, drehte sich zu uns um und bedankte sich beim Abt für das hervorragende Essen. »Hier fühlt man sich so richtig willkommen. Vielen Dank für Ihre außergewöhnliche Gastfreundschaft.« Ich stimmte zu. Der Abt antwortete mit der Regel des heiligen Benedikt: »Alle Fremden, die kommen, sollen aufgenommen werden wie Christus; denn er wird sagen: ›Ich war fremd und ihr habt mich aufgenommen.‹ So sagt es unser Leitsatz. Und das gilt für alle, egal, wer sie sind, welcher Religion sie angehören oder nicht angehören ... Ich gebe zu, man muss das erst mal lernen, manchmal ist das gar nicht so einfach.«

Das Kreuz auf der Brust des Abtes hob und senkte sich, während er in lautes Lachen ausbrach.

Plötzlich öffnete ich den Mund und stieß ein weinduseliges »Genau deshalb fühle ich mich hier so wohl!« hervor. Meine Mitanstehenden schauten mich mit einer Mischung aus Erstaunen und Verwirrung an. Besonders der Abt musterte mich durch seine lila gerahmten Brillengläser erwartungsvoll, so als ob er eine weitere Erklärung forderte. Ich hatte mir geschworen, dass ich niemandem hier die eine große Sache erzählen würde, die mir unter den Nägeln brannte. Den Grund, weshalb ich mich so fehl am Platz fühlte. Aber hier stand ich nun. Zwischen einhundert hungrigen Gästen, in der Buffet-Schlange wartend mit dem Abt neben mir, der mich immer noch aufmerksam anlächelte. Ich weiß nicht mehr, ob es der Wein war oder der ermutigende Gesichtsausdruck des großen Mannes mit dem schweren Kreuz um den Hals, aber ich schmiss innerhalb von Sekunden meinen Schwur über Bord.

»Wenn wir schon dabei sind und Sie gerade über diesen Grundsatz sprechen, hier kann ich ja ehrlich sein, oder? Ich sag's jetzt einfach mal geradeheraus: Meine Eltern haben damals entschieden, mich nicht zu taufen und sind selbst aus der Kirche ausgetreten. Meine Mutter war evangelisch und mein Vater katholisch. Aber weder ich noch meine Brüder sind getauft und hatten jemals irgendwas mit der Kirche zu tun. Alles, was ich jemals wusste, weiß ich aus den Medien.

Und … Na ja … Ich komme aus Köln. Gerade da bleibt in letzter Zeit verständlicherweise kein gutes Haar an der Kirche, wie Sie wissen … Woelki und so.«

Oh Gott. Hatte ich das gerade wirklich gesagt? *Woelki und so?* Ich hatte mir für den ganzen Abend endlos viele Taktlosigkeiten ausgemalt, die mir nicht passieren durften. Diese war so unangenehm, dass sie nicht mal auf meiner Liste gestanden hatte. Natürlich durfte man den Missbrauchsskandal der Kirche nicht totschweigen, er machte uns alle hier wütend! Aber war das wirklich das beste Thema, mit dem ich mich beim Abt des Klosters vorstellen sollte, der mich hier so herzlich als Fremde empfangen hatte? Was Sekunden waren, fühlte sich an wie eine halbe Ewigkeit. Ich studierte die Züge des Abtes. Der Verlagsleiter und auch die anderen schienen abzuwarten, wie der Abt reagieren würde, um ihre eigene Reaktion darauf abzustimmen. Schließlich runzelte er nachdenklich die Stirn und nickte dann. »Ich verstehe. Natürlich. Im Moment kommt unsere Institution nicht sonderlich gut weg. Und wir verstehen alle, warum. Schrecklich, was da passiert ist. Aber Sie sagten eben, Sie fühlen sich hier bei uns willkommen?« Ich nickte entschlossen. »Dann haben wir ja alles richtig gemacht.«

Wieder dieses laute, durch den ganzen Festsaal hallende Lachen. Die Schlange bewegte sich, und jeder nahm sich vom üppigen Buffet. Eine echte Brotzeit, mit großer Käse- und Aufschnittauswahl aus der klostereigenen Metzgerei und Bäckerei. Meeresfrüchte, Salate, fränkische Spezialitäten. Ich wurde hier nicht nur als Fremde willkommen geheißen, sondern wohltuend gemästet. Und niemand, auch nicht der Abt, schmiss mich raus – obwohl ich rausposaunt hatte, dass ich nicht getauft war und mein Bild von der Kirche nur von den Medien geprägt wurde. So weit, so gut. Vielleicht schlug ich mich besser, als ich mir eingestehen wollte.

Wir gingen zurück an unseren Tisch, es wurde erneut Wein nachgeschenkt und ich hielt es für notwendig, mich noch weiter zu erklären, obwohl keiner danach gefragt hatte. Ich erzählte, dass ich schon als Kind gebetet hatte, nachdem sich meine Eltern getrennt hatten, obwohl bei uns niemand jemals gebetet hatte. Aber ich fand als Kleinkind Trost darin, daran war nicht zu rütteln. »Ach, sehen Sie mal an!«, sagte der Abt.

Ich fuhr in meiner Weinseligkeit fort, dass ich schon an irgendwas glaubte, an etwas Höheres, eine Verbindung, konnte aber nicht beschreiben, was es war. Durch meinen Mann wurde ich immer zugewandter beim Thema Glaube und Religion. Ich war neugierig und offen. Und dennoch hatte ich Sorge, nicht willkommen zu sein, weil ich offiziell nicht »zum Verein«

gehörte. Während die anderen am Tisch interessiert lauschten, sagte der Abt zu mir: »Hauptsache, Sie fühlen sich jetzt willkommen. Denn das ist es, was wir hier bezwecken wollen. In unserem *Verein*. Wie schön, dass Sie sich gut aufgenommen fühlen. Sie sind ebenso unser Gast wie jeder andere auch.«

Ich war immer noch irritiert von dieser Freundlichkeit und hatte meine beste Freundin aus Teenie-Zeiten im Ohr: »Wir sind Heidenkinder, Nina.« Wie war ein solches Heidenkind auf diesen Platz gekommen? Mein Name auf dem Tischkärtchen neben dem des Abtes. Ich fragte mich, was ich erwartet hatte: Verurteilung, Bewertung, Missgunst. Beschämt musste ich mir eingestehen, dass ich selbst die mit den Vorurteilen war.

Der Abend verlief weiterhin mit guten Gesprächen zwischen allen, die am Tisch saßen. Wir sprachen über unsere beruflichen Situationen, die Herausforderungen im Buchhandel während der Pandemie und das Verlagswesen. Ich erzählte schüchtern von der Fernsehproduktionsfirma, für die ich arbeite, und von meinen Schwierigkeiten, seit Jahren im Homeoffice zu sein. Davon, dass mir Begegnungen und Unterhaltungen mit echten Menschen fehlten. Wir fanden einstimmig, dass das Verlagsdinner deshalb so herausragend schön und wichtig war. Es ging weiterhin um Gott im Alltag, wo er meinem Tischnachbarn, dem Verlagsleiter, schon inkognito begegnet war. Er erzählte von der Beerdigung seines Vaters und davon, dass seine Kinder am Grab sagten: »Wenn die Kraniche kommen, denken wir an dich, Opa.« Der Vater liebte Kraniche. Und noch am selben Tag sollte ein riesiger Schwarm für alle Trauergäste sichtbar über das Haus hinwegfliegen. Wir alle waren zutiefst gerührt. Und ja, auch ich war überzeugt, dass dort wer auch immer seine Finger mit im Spiel hatte. Von dieser Geschichte ermutigt, erzählte ich davon, wie mein Mann und ich uns kennengelernt hatten. Auch das war Fügung. Da bin ich mir sicher. Aber dazu an späterer Stelle mehr. Der Abt schien begeistert: »Was für eine außergewöhnlich schöne Geschichte. Da sind wir uns wohl einig, dass da ganz besondere Umstände zusammengekommen sind, oder?«

Ich blickte auf die andere Seite des Saals hinüber zu meinem Mann und nickte. Und während wir gemeinsam weiter aßen und tranken, der Abt, die Benediktinerin, der Verlagsleiter, die Buchhändlerin und ich, fühlte ich mich überhaupt nicht mehr fehl am Platz. Sondern genau richtig.

1

Meine Kindheit – blutige Heilige und Telefonate mit Jesus

Bergisch Gladbach, 1991. Ich wurde im Vinzenz Pallotti Krankenhaus geboren. In meiner Heimatstadt Köln nannten wir es immer nur »Bensberger Krankenhaus«. Anfang der 90er-Jahre war es der neueste Schrei unter den Geburtskliniken: Klavier im Kreissaal, alternative Behandlungsmethoden, chinesische Medizin und Homöopathie. Wer als Kölner im Bensberger Krankenhaus geboren wurde, ärgerte sich zwar später über den Eintrag »Geburtsort: Bergisch Gladbach« im Personalausweis, dafür genoss man schon beim ersten Schrei auf dieser Erde Klaviermusik und ein bisschen Esoterik. Dass Vincenzo Pallotti, wie sein Name eigentlich lautet, ein Heiliger und katholischer Priester war, der die »Vereinigung des Katholischen Apostolates« gründete, wusste ich lange nicht. Und damit ebenfalls nicht, dass ich an einem Ort auf die Welt kam, der nach einer wichtigen katholischen Persönlichkeit benannt war und auch von der Kirche finanziert und organisiert wurde. Meine Eltern sollten erst ein paar Jahre später aus finanziellen Gründen austreten, aber schon zu diesem Zeitpunkt spielte Religion weder in ihrem noch in meinem Leben eine Rolle. Meine Eltern beschlossen, es mir selbst zu überlassen, ob ich später einmal getauft werden wollte. Also blieb ich erst einmal ein »Heidenkind«, wuchs ohne jegliche Glaubenserziehung auf und scherte mich auch nicht darum. Wir gingen nicht in die Kirche, sprachen auch nicht darüber. Es war einfach nicht unsere Welt. Der Kölner Dom war für mich bloß eine schöne Touristenattraktion, auf die ich mit meinem kölschen Patriotismus zwar stolz war, aber als Kirche habe ich ihn nie betrachtet.

In der Schule wurde ich in den »Unterricht für Unkonfessionelle« gesteckt, während die anderen Schüler Religionsunterricht genossen. Sie lernten etwas über die Bibel, das Christentum, Jesus und über die christlichen Werte, die unsere Gesellschaft prägen. Wir »Unkonfessionellen« lernten etwas über Dinosaurier, Steinzeitmenschen und den Kölner Karneval. Heute wie damals finde ich: Hätten nicht alle Kinder gleichermaßen alles lernen können? Aber für uns Ungetaufte (und davon gab es einige im alternativ-bürgerlichen Köln-Sülz) war von vornherein Unterricht vorgesehen, der nichts mit Religion zu tun hatte. Als würden wir den Glauben mit unserem erzieherischen Hintergrund nicht verstehen können. Durch diese frühe Trennung im Unterricht, die uns auch niemand weiter erklärte, waren die getauften Kinder für mich immer »komisch«. Sie zeigten Fotos von ihren merkwürdigen Feiern, auf denen sowohl die Jungen als auch die Mädchen in weißen, ausladenden Kleidern abgebildet waren. Sie hielten große Kerzen mit bunten Bildern und Namen drauf. Das Einzige, worum ich sie beneidete, waren die vielen Geschenke und Geldgaben, die sie zu diesen Feiern bekamen – einfach so und völlig unverdient, wie mir damals schien. So etwas gab es bei uns nur am Geburtstag und an Weihnachten. Ich musste mich zu den Feierlichkeiten meiner Freunde in ein schickes Kleid zwängen und brav zusehen, während diese reich beschenkt wurden. Der Scheitel ordentlich, die Haare gekämmt. Mein bester Freund aus Kindheitstagen, ich nenne ihn P., fieberte damals seiner Kommunion entgegen und war ganz stolz darauf, dass er das erleben durfte. Er erzählte immer, wie dankbar er Gott war, betete häufig, als wir klein waren. Vorm Schlafengehen sprach er immer zum »lieben Gott«. Ich fand das als Kind ulkig.

Wir waren beide zehn Jahre alt, als mich P.s Eltern in einen gemeinsamen Portugalurlaub mitnahmen. Ich erinnere mich noch genau an das terracottafarbene Haus, eine Villa unter blauem Himmel, mit Terrasse und eigenem Pool. Für mich war es das Paradies! P. und ich hatten die beste Zeit, spielten im Wasser, gingen schwimmen, wurden immer brauner und lasen einander aus unseren Comics und Büchern vor. Und doch irritierte er mich jeden Abend, denn selbst im Urlaub ließ er sein Ritual nicht fallen und betete das Vaterunser. Ich rümpfte jedes Mal die Nase und verstand es einfach nicht. Albern, was er da vor sich hinfaselte. Und wie er dabei so schwächlich die Hände faltete! Er sah so klein aus dabei. Ich wollte lieber spielen, laut mit ihm Comics lesen, im Turbomodus. Aber P. wollte beten. Das provozierte mich ungeheuer.

»Warum sprichst du immer mit Gott? Den gibt's doch gar nicht«, sagte ich einmal. P. verstand meine Frage ebenso wenig wie ich seine Gebete, er ignorierte mich daher und betete stoisch weiter.

Selbst wenn P. und ich unzertrennlich waren, uns sogar als Kinder wie so viele beste Freunde schworen, einander später zu heiraten (was in den wenigsten Fällen wahr wird), waren das die Momente, in denen wir uns gestritten haben. P. konnte unglaublich beleidigt sein, wenn ich über seine Liebe zu Gott lästerte. Mich stachelte das nur noch mehr an. Ich machte mich lustig über ihn. Gott hier, Gott da. Und muss P. dann auch so ein doofes, weißes Kleid anziehen? »Deinen blöden Gott gibt's doch gar nicht«, wiederholte ich, so oft ich konnte. »Genauso wenig wie den Weihnachtsmann!« Manchmal provozierte ich P. so sehr, dass er weinte und zu seinen Eltern rannte. Ich schämte und entschuldigte mich daraufhin – und hielt beim Abendgebet die Klappe. Während er wieder im Vaterunser versank, las ich weiter in meinen Kinderkrimis.

Heute fühle ich mich schlecht deshalb. Man macht sich nicht über den Glauben anderer lustig. Aber Kinder können grausam sein. Vor allem die, die ohne einen Gott, einen Glauben zum Festhalten, ohne eine Gemeinde aufwuchsen. Dafür in einem nach Vater- und Mutterbereich aufgeteilten Elternhaus, mit dem Erlebnis von zwei Scheidungen (die erste, als ich drei Jahre alt war, die zweite, als ich zehn Jahre alt war) und dem Gefühl, mit allem in der Welt allein zu sein. Ich erinnere mich noch vage an einen alten Schrank im »Toberaum« meines Kindergartens. Zwischen dem Schrank und der Wand war gerade genug Platz, um sich dort zu verstecken. Wenn ich besonders traurig über die Trennung meiner Eltern war, versteckte ich mich dort vor den anderen Kindern und betete. Ich weiß nicht, wo ich gesehen hatte, dass man dazu die Hände faltet, die Augen schließt und zu Gott spricht. Aber ich tat es. Ich bat Gott, dass Mama und Papa wieder zusammenkommen. Dass sie nicht mehr traurig und wir wieder eine Familie sind. Gott erhörte mich nicht. Vielleicht war ich deshalb sauer auf ihn und verspottete ihn später, wann immer er in meiner Nähe Erwähnung fand.

Heute erkenne ich, dass ich damals nur neidisch auf meinen besten Freund P. war. Ich hätte auch gern diesen Gott gehabt, an dem er sich festhielt, der ihm Trost spendete, wenn er traurig war, und der immer über ihn wachte. Dem er vertraute und der ihn schützte. Ich wollte auch jemanden haben, der mir den Halt geben konnte, den ich unbewusst so hilflos suchte. Weil ich diesen Halt nirgendwo fand, war die einzig logische Konsequenz: Wenn dieser Gott nicht für mich da sein konnte, sollte er gefälligst für niemanden da sein! Heute hört sich das für mich egoistisch an. Ich wusste noch nicht, dass Gott auch da ist, wenn ich ihn nicht sehen und hören kann.

Es vergingen einige Jahre, in denen ich mir über Glauben, Gott und das alles keine Gedanken mehr machte. Ich hörte in den Medien von den Skandalen, von denen die Kirche erschüttert wurde, und sah Filme, in denen man das Christentum auf die Schippe nahm. »Das Leben des Brian« war lange Zeit mein Lieblingsfilm. Bis heute kann ich viele Dialoge mit meinen Brüdern und meiner Mutter synchronsprechen. In meinen Augen waren alle Gläubigen verrückt. Punkt. Religion war etwas, das mir völlig fremd war. Ich war überzeugte Atheistin und dachte, ich hätte die Welt schon als Teenager besser verstanden als »diese Religionsfanatiker«. Keine Grauzone. Entweder man glaubte nicht und war wie ich. Oder man glaubte und war von einem anderen Stern.

Am Kölner Gymnasium, das ich später besuchte, gab es dann doch noch Religionsunterricht für alle. Allerdings ist mir kaum ein Lehrer so sehr in Erinnerung geblieben wie Herr B. Jeder kann aus seiner Schulzeit von Lehrkräften erzählen, die irgendeinen Tick hatten, besonders cool oder besonders problematisch waren. Herr B. reiht sich eher unter die besonders merkwürdigen Lehrer ein. Eine liebe Seele, kurz vor der Rente, wirkte er auf uns immer wie in Gott verliebt und mit Jesus verheiratet. Weil er so begeistert von »seinem Christus« sprach und uns jede Stunde Bilder vom »Heiland« malen ließ – ohne Vorlage, einfach, wie es sich für uns richtig anfühlte –, wurde er bei uns schnell zum beliebtesten Lehrer. Er forderte kaum Leistung, sondern erzählte einfach gerne. Seine Tests waren eigentlich keine Wissensabfrage, und meine beste Freundin und ich bekamen bei ihm immer eine Eins. »Weil ihr zwei so liebe Mädchen seid, mit guten Herzen«, sagte er immer. Herr B. wirkte auf uns so unschuldig – und auch ein bisschen verrückt. Auf dem Schulfhof wurde er öfters gesichtet, wie er sich ein kleines Saft-Tetrapack ans Ohr hielt. Wenn man ihn fragte, was er da tue, kam immer die gleiche Antwort: »Pssst, Kindchen. Ich telefoniere mit Jesus.« Herr B. erzählte, er habe das immer schon gemacht, auch früher, als er noch Fallschirmjäger im Zweiten Weltkrieg war. Dass das zeitlich nicht hinkam, schien ihn nicht zu stören.

Herr B. lebte in seiner eigenen Welt. In der anderen sollte er uns Religion lehren. Ich wage zu bezweifeln, dass ihm das gelungen ist. Aber er hat einen bleibenden Eindruck hinterlassen. Heute glaube ich, dass Herr B. eine einsame und traurige Figur war, abgeschnitten von der Realität, ein Sonderling, vielleicht auch psychisch schwer angeschlagen. Aber wir mochten ihn, weil wir bei ihm machen konnten, was wir wollten und trotzdem noch eine gute Note bekamen. Als er erfuhr, dass meine beste Freundin und ich nicht getauft waren, konnte er nicht fassen, dass so etwas zwei so lieben Kindern wie uns widerfahren konnte. Er habe eine Lizenz und dürfe uns taufen, hatte er uns immer angeboten. Wir lehnten dankend ab. Herr B. war für mich damals mal wieder ein abschreckendes Beispiel für jemanden, der sich dem Glauben verpflichtet hatte – oder eher: darin verloren ging.

Ich wuchs mit dem Gefühl auf, dass die Gefahr in der Religion und dem Glauben darin lag, völlig davon eingesogen, verdreht, gestreckt, gequält und wieder ausgespuckt zu werden. Wer sich zu sehr mit seiner Religion beschäftigte, wurde zum Fanatiker. So meine Sicht der Dinge.

Ich war zehn Jahre alt, als der Anschlag auf das World Trade Center in New York stattfand. Die Bilder aus den Nachrichten und das erschrockene Gesicht meines Vaters brannten sich in meinen Kopf. Im Fernsehen berichtete der um Fassung bemühte Peter Kloeppel live von den Ereignissen, während im Hintergrund die Bilder der brennenden Türme gezeigt wurden, aus denen Menschen in völliger Verzweiflung hunderte Meter tief in den Tod sprangen. In der Berichterstattung sprach man von Terror und Islamisten. Einen Tag nach den Anschlägen lag ich allein auf der Couch, es lief ein Zusammenschnitt der Ereignisse im Fernsehen: weinende Menschen, Feuerwehrmänner und Helfer mit von Ruß schwarz gefärbten Gesichtern, die pure Hoffnungslosigkeit. Darüber sang Enya »Only Time«. Ich weinte mir aus Angst vor diesen bösen Menschen, die das getan hatten, und voller Mitgefühl für die Trauernden die Augen aus. Die Monate und Jahre darauf hatte ich das Gefühl, dass Selbstmordanschläge plötzlich überall vorkamen. Auch in Europa sprengten sich Menschen in die Luft oder fuhren LKWs in feiernde Massen hinein. Sie erschossen Journalisten und griffen »Ungläubige« dort an, wo sich Menschen vorher sicher gefühlt hatten. Ich dachte, die ganze Welt sei nur noch Terror, und kanalisierte meine Wut nicht auf die Täter, sondern die Religion, in deren Namen sie ihren »Heiligen Krieg« begannen. Terror im Namen Allahs. Terror im Namen Gottes. Ich wuchs mit dem Gefühl auf, dass wegen dieses Gottes, möge er wie auch immer heißen, unschuldige Menschen starben und Kriege geführt wurden. Und das eigentlich nicht erst seit jetzt, sondern schon immer. So wenig, wie ich damals von der Mystik und Bedeutung des islamischen Glaubens wusste, so wenig wusste ich über den christlichen Glauben. Ich dachte, jeder Moslem hieße diese Anschläge gut, so wie jeder Christ die Missetaten der Kirche gutheiße. Ich war einfach uninformiert und vorurteilsbehaftet. Und das sollte auch noch eine ganze Weile so bleiben. Ich sah nur die schlechte Seite von Religion, das Gute ignorierte ich. Vielleicht auch, weil es in den Nachrichten keinen Platz hatte und dort eigentlich immer nur die dunkle Seite der Religionen Thema war.

In der Schule sprachen wir über die Hexenverbrennung und Inquisition. Über die Glaubenskriege und Kreuzzüge, die die Kirche im Namen ihres Gottes, ihres Glaubens führte, über gewaltsame Missionsarbeit.

Auf meiner Playstation bekämpfte ich Soldaten der nepotistischen Adelsfamilie der Borgia, um ihren korrupten Papst zu stürzen. Für mich war klar: Religion ist falsch, scheinheilig, bösartig, gefährlich. Völlig egal, ob es um das Christentum oder den Islam ging. Über die anderen Religionen dachte ich nicht nach, schließlich landeten sie nicht so oft in den Schlagzeilen. Allein der Buddhismus war mir einigermaßen sympathisch. Schließlich wurde der in jedem Selbsthilfebuch als eine Art Religion des Friedens beschrieben. Dass es auch im Buddhismus gewalttätige Aspekte gibt, war mir unbekannt. Schließlich passt Gewalt nicht zum Bild des friedlich meditierenden Mönchs. Zwar meinte ich deshalb in meinem Halbwissen, der Buddhismus wäre die einzige Religion, die ich »verstehen« könne, dennoch sagte ich mir immer wieder wie ein Mantra: Die Welt wäre ohne Religion ein besserer Ort.

Diesen Glaubenssatz hatte ich so tief in mir verankert, dass schon der Hauch von Religiosität eine Abwehrhaltung in mir hervorrief. Sobald jemand von Gott oder Glaube sprach, egal in welchem Kontext, wandte ich mich ab. Ich wollte davon nichts hören. Es war doch offensichtlich, dass Religion zu nichts Gutem führte! Ich freute mich sogar, als ich in einem Geschäft ein T-Shirt mit der Aufschrift sah: »Religion ist heilbar«. Hoffentlich war sie das.

Mit dieser Sicht bin ich die meiste Zeit meines Lebens durch die Welt gelaufen. Und ich wünschte jedem, der sich der Religion verschrieben hatte, dass er davon geheilt werden könne – oder mich damit in Ruhe ließe. So habe ich mit der Zeit eine Wut auf alles, was mit Glauben zu tun hatte entwickelt, die mir heute völlig fremd ist. Aber es hat einige Zeit und Umwege gebraucht, um auch aus einer anderen Perspektive auf das Thema schauen zu können. Vielleicht waren die Irrwege auch nötig, um meinen eigenen Glauben heute besser zu verstehen, ihn festigen und hinterfragen zu können.

Nachdem meine Mutter zum zweiten Mal eine Scheidung durchmachte, als ich zehn Jahre alt war, zogen in der Folge im Wechsel verschiedene Au-Pair-Mädchen bei uns ein. An das Erste kann ich mich noch besonders gut erinnern: L. trug den gleichen Namen wie meine serbische Oma. Sie kam aus der Ukraine. Als wir sie bei ihrer vorherigen Gastfamilie abholten, wirkte das andere Elternpaar sehr reserviert auf mich. Ich versteckte mich schüchtern hinter meiner Mutter, weil mir die ganze Situation Unbehagen einflößte. Da stand diese ruhige, junge und mir völlig fremde Frau. Die dünnen, dunkelblonden Haare zu einem laschen Zopf im Nacken zusammengebunden, der graue Cardigan über der grauen Kleidung passte zum Grau der Stimmung im Raum. Ich starrte auf die kühlen Marmorfließen im Eingang dieses großen Hauses, während es nicht mal einen richtigen Abschied zwischen L. und ihrer vorherigen Gastfamilie gab. Sie schienen froh, sie endlich los zu sein. Während meine Mutter sich um gute Laune bemühte, damit aber gegen eine vereiste Front bei L. prallte, spürte ich förmlich, wie mir die Lebensfreude aus jeder Pore wich. Ich hatte Angst vor diesem Schritt: Papa weg, Stiefpapa weg, meine beiden kleinen Brüder und ich mit Mama allein – und mit dieser fremden, grauen Frau.

L. stieg schweigend und mit gesenktem Kopf in unseren Ford Galaxy und wir fuhren nach Hause. Diese fremde Frau sollte ab sofort bei uns wohnen. Und erst jetzt fragte ich mich: Wo eigentlich?

Ich musste für sie mein Kinderzimmer räumen und in das kleinere ehemalige Zimmer meines Stiefvaters ziehen. Sie ersetzte meine bunten Fisch-Vorhänge durch graue, schwere Stoffe. Alles, was Farbe hatte, musste weichen. Sie sprach nicht viel, war sehr zurückhaltend und wirkte auf mich finster. Aber dann tat sie etwas, das mir eindeutig zeigte: Mit dieser Frau, die jetzt hier bei uns wohnt, will ich nichts zu tun haben. Die ist komisch. Dabei war das, was sie tat, für sie nicht nur normal, sondern womöglich heilsam: Sie hängte ein Kruzifix auf. In meinem ehemaligen Kinderzimmer. So etwas hatte ich bisher nur bei meiner Oma gesehen, und es machte mir Angst. Der sterbende und leidende Jesus am Kreuz hing jetzt da, wo früher mein bunter Maltisch stand. Dieser ganze Raum, in dem ich mich jahrelang so wohl und zuhause gefühlt hatte, in dem ich meine bunten Bärenkleiderbügel aufgehangen und gemalt hatte, war nicht mehr mein Kinderzimmer. Das war jetzt *ihr* und *sein* Zimmer. Da hing ein dunkles, kleines Kreuz mit Jesus dran, starrte auf mich herab im matten Licht, das es gerade noch so durch die schweren Vorhänge schaffte.

Seltsamerweise kann ich mich heute so gut an dieses Zimmer erinnern. Auch L.s Gesicht habe ich noch vor mir: die blassen, feinen Gesichtszüge, die tiefen Augenringe, das Traurige, das sie ausstrahlte. Ich kann mich nicht daran erinnern, dass sie mit uns spielte, was sie sicher getan hat. Aber das, was sie umgab, erinnere ich. Sie machte mir Angst. Ihr Kruzifix machte mir Angst, und ich war froh, dass L. nur ein halbes Jahr bei uns blieb. Ich verstand damals nicht, dass sie streng gläubig erzogen wurde und deshalb nicht ohne das Kreuz in ihrem Zimmer schlafen konnte. Ich wusste nur, dass dieses Kruzifix mir immer schon Angst eingeflößt hatte.

Zum ersten Mal war ich bei meiner serbischen Oma, der Mutter meines Vaters, damit in Berührung gekommen. Oma Maci, wie wir sie immer nannten, hat zwar nie (in meiner Anwesenheit) gebetet, ging nicht zur Kirche und hatte meines Wissens auch sonst mit Religion nichts zu tun. Aber ihre Wohnung war voll mit gruseligen Devotionalien, die mich ängstigten. Als ich noch klein war, besuchten mein Vater, manchmal auch meine Stiefmutter und ich sie alle paar Monate. Wir kamen zur Wohnungstür herein, meine Oma küsste mich zur Begrüßung ab – immer wischte ich mir den roten Lippenstift von den Wangen –, und dann sagte sie: »Geh schon mal ins Wohnzimmer, Opa Hallo sagen.« Ich trat langsam und schüchtern in den Raum, in dem zwischen all den Kreuzen und Heiligen mein Opa unter einem gruseligen Gemälde auf der Couch saß, die Hände im Schoß gefaltet. Leise begrüßte er mich mit schwacher Stimme. Schon damals dachte ich: »Opa muss bestimmt hundert Jahre alt sein.« Er wirkte, seit ich denken kann, so müde und gebrechlich auf mich und starb, als ich gerade sechs Jahre alt war. Meine Oma besuchten wir natürlich weiterhin. Es hat sich daraufhin nichts in der Wohnung verändert. Die altrosafarbene Couchgarnitur war auch nach Opas Tod noch die Gleiche. Ich erinnere mich gut an die schweren Holzstühle mit dem üppigen Polster am Esstisch. Rosen waren darauf gestickt, ich spürte die Sprungfedern, die durch das Sitzkissen drangen.

Es gab Wasser mit Himbeersirup und Hausmannskost. Während wir aßen und mein Vater sich öfters in Schweigen hüllte, starrte ich auf die düsteren Gemälde und Triptychen um mich herum. Jesus am Kreuz, leidend, blutend, in Verzweiflung und Schmerz, das Gesicht verzerrt. Ein Mann mit Heiligenschein auf einem Pferd, der einen anderen, am Boden liegenden Mann mit einem Speer durchbohrt. Blut, Gewalt, Dunkelheit, abgebildet in dicken, goldenen Holzrahmen. Und über der Couch das Gemälde meines Uropas, dem wohlhabenden Nazi-Kollaborateur aus Belgrad, über den niemand der Älteren aus der Familie sprach. Ein dicklicher Mann mit ernstem Blick und Oberlippenbart, auf dem Kopf ein Fes (solche Kopfbedeckungen waren auf dem Balkan früher weit verbreitet). Ich wich seinem Blick stets aus, wenn er finster auf mich herabschaute. Während ich diese Bilder betrachtete, lief mir jedes Mal ein Schauer über den Rücken. Meine Oma war christlich-orthodox wie die meisten in ihrer Heimat. Diese Bilder und Gegenstände vererbten sich wahrscheinlich schon länger durch die ganze Familie.

Ich weiß nicht, was nach dem Tod meiner Oma Maci aus all dem geworden ist. Was ich aber weiß, ist, dass ich es mir sicher selbst nicht aufgehängt hätte, selbst wenn ich es geerbt hätte.

2

Zwischen Wut und Resignation

Als Teenager wurde ich – Überraschung – rebellisch. Ich war auf so vieles wütend – auf meinen Vater, der mit seiner neuen Frau ein Kind bekam und aus beruflichen Gründen nach Berlin zog. Auf meine Mutter, die durch ihre berufliche Doppelbelastung wenig zu Hause war. Auf meine Mitschüler, die mich mobbten. Auf meinen Mathelehrer, der nicht verstand, wie sehr ich Zahlen hasste. Ich war wütend, weil meine Lieblingskatzen Bonnie und Tiger starben (die beide bei meinem Vater wohnten), weil mein Körper sich veränderte und ich mich so oft um mich selbst kümmern musste. Ich fand die ganze Welt so ungerecht, schrieb wütende Texte und peinliche Gedichte. Ich färbte mir die Haare schwarz, trug nur noch dunkle Klamotten, malte mir einen Stern unters pandahaft geschminkte Auge und schrieb Textzeilen auf meine Hosen und Schuhe. Vorzugsweise waren es Songtexte der Emo-Rockband Billy Talent. Kaum eine Band sprach mir so sehr aus der Seele wie diese vier Jungs aus Kanada. Sie sangen von Mobbing, von Ausbeutung, von ihrer Wut auf die eigenen Eltern, von Vertrauensproblemen, von Liebeskummer (die wütende Art, nicht die traurige), von Selbstmordgedanken, von ihrem Hass auf die ungerechte Welt. Und sie taten es auf so poetische Art und Weise, dass sie für mich die Dichter meiner Zeit waren. Ein Song hatte es mir damals besonders angetan: Die erste Single-Auskopplung aus dem zweiten Album der Band hieß *»Devil in a Midnight Mass«*. Stellen Sie sich einen wütenden Teenager mit schwarzgefärbten Haaren vor, ein Mädchen, das oft und gerne böse guckt und überzeugt davon ist, dass es keinen Gott gibt. Der Lieblingssong dieses Mädchens handelte damals – zumindest indirekt – von nichts anderem als: Gott. Obwohl ich der englischen Sprache halbwegs mächtig war, hörte ich weniger auf den Text als auf die Wut, die aus dem Sänger herausplatzte. Benjamin Kowalewicz brüllte so schön aufgebracht über die Gitarrenspur, er war so sauer, wie ich mich fühlte. Wieso, war mir egal. Dass es in dem Song um einen Priester ging, der dreißig Jahre lang unter dem Schutz seiner Kirche hunderte von Kindern missbrauchte, wusste ich damals noch nicht. Das wäre ein gefundenes Fressen für mich gewesen. Auch wusste ich nicht, dass dieser Priester irgendwann ins Gefängnis kam und dort von einem anderen Insassen umgebracht wurde. Wahre Geschichte. *Poetic justice*, hätte ich damals zynisch gesagt. Rückblickend finde ich interessant, wie ich mit meiner ganzen Wehrhaftigkeit nicht begriff: Der Glaube findet sich überall. Auch bei Billy Talent. In besagtem Song singt Benjamin Kowalewicz von Erinnerungen an die Sonntagsschule, von Kindern, die ihr Vertrauen in

Gott setzen und nicht in den Mann, der vorne steht und von Gott predigt. Er singt von dem Priester, der dieses Vertrauen so schrecklich missbraucht hatte.

Im Videoclip zu diesem Song steht die Band in einer Kirche, durch die bunten Fenster flackert abwechselnd rotes und weißes Licht. Während sie den Song auf dem Altar performen, wird immer wieder zu einem kleinen Jungen gegengeschnitten, der im Pfarrhaus im Bett liegt, aus Angst vor einem schwarzen Rauchmonster aufsteht und durch die ganze Kirche irrt – allein, voller Schrecken, in seinem besten Sonntagsanzug. Der Clip endet mit einer Schar kleiner Jungen über dem Kircheneingang, die ohne Münder auf den anderen Jungen, der jetzt ebenfalls mundlos ist, hinunterblicken. Ein Horrorszenario, mit dem heutigen Wissensstand zu diesem Thema kaum zu ertragen. Der Song und der Clip stammen aus dem Jahr 2006.

Ich war also auch damals schon von christlichen Motiven umringt. Selbst in der Musik meiner Lieblingsband wurde ihr Glaube thematisiert. Billy Talent kritisierten aber nicht ihren Glauben, nicht die Religion, sondern die Amtsträger, die ihre Macht und den Glauben ihrer Schützlinge missbrauchen. »Ich vertraue heute Gott, nicht dem Mann, der sich durchgesetzt hat«, heißt es in einer Songzeile. Eine Aufforderung, den Glauben von den Missetätern zu trennen. Damals galt für mich jedoch noch: Glaube, Religion und Institution Kirche sind alle gleichermaßen abzulehnen.

Als Teenager war ich froh, eine Freundin an meiner Seite zu haben, mit der ich die Wut und die Musik, die dazu passte, teilen konnte. Meine Schulfreundin K. und ich sahen Billy Talent sogar live und »pogten« gemeinsam zu diesem Song. Nach der Schule suchten wir etwas, das uns Halt gab – und wenn es nur die Provokation war. Wir trugen Pentagramme und heidnische Symbole um den Hals. Den keltischen Knoten, den ich lange als Anhänger trug, besitze ich heute noch. Zugegeben: Die erfolgreiche Hexen-Serie *Charmed* inspirierte mich dazu. Schließlich hoffte ich auch damals, so etwas wie Hexenkräfte in mir heraufbeschwören zu können.

K. und ich legten einen Ordner mit Ausdrucken aus dem Internet an: Handlesen, Geister beschwören, Satan rufen. Dafür, dass wir uns beide für überzeugte Atheistinnen hielten, beschäftigten wir uns viel mit dem Übernatürlichen. Wir glaubten, mit unserem Hexenbrett Kontakt zur Zwischenwelt aufnehmen zu können. Die Mobber aus unserer Schule bedachten wir mit finsteren Blicken und satanischen Flüchen auf Latein, die wir im Internet gefunden hatten. Diese Flüche sagten wir so oft auf, dass sie mir bis heute im Gedächtnis geblieben sind.

Irgendwann ging auch diese Phase vorbei. Ich wuchs vom wütenden Teenie zur Frau heran – mit den heute üblichen Lücken im Lebenslauf: Abitur, abgebrochenes Studium, Praktikum, Quereinstieg. Und das in der Branche, vor der mich meine Eltern immer gewarnt hatten: irgendwas mit Medien. Bis hin zu meinen Großeltern auf beiden Seiten der Familie arbeiteten bei uns alle in der Medienbranche. Mein Opa väterlicherseits war als Kriegsdokumentarfilmer bei der Wehrmacht angestellt. Gemeinsam mit meiner serbischen Oma führten die beiden später ein Filmentwicklungsstudio. Als Kind war ich immer ganz fasziniert von den übergroßen Filmrollen, die in einem kleinen Raum im Keller zwischen riesigen Walzen gedreht und entwickelt wurden. Den beißenden und zugleich dumpfen Geruch von erhitztem Metall und Nitrofilm werde ich nie vergessen. Mein Opa mütterlicherseits war Chefredakteur bei der Deutschen Welle, der bei seinen ersten Live-Sendungen des »Funkjournals« in den 60er-Jahren stets den Jazz-Standard *»Birth of the Blues«* spielte. Er berichtete live von einem Feldbett in der Redaktion aus, als die RAF-Morde stattfanden, und auch von den blutigen Olympischen Spielen 1972. Auf die Nachfrage meiner Mutter, wie es ihm damals ging, sagte er einmal in all seiner Menschlichkeit: »Wir jungen Männer haben fast geheult. Warum denn auch nicht? Man sollte sich als Journalist gar nicht davor scheuen, Emotionen zu zeigen. Journalisten sind auch nur Menschen.«

Meine Mutter folgte seinem Beispiel und ging ebenfalls zur Deutschen Welle. Durch ihre Tätigkeit als Musikjournalistin kannte ich immer die neusten Chart-Hits – sie waren in unserer Wohnung meterhoch alphabetisch in CD-Regale einsortiert. Mein Stiefvater kam aus dem Webdesign und baute Websites und Online-Games. Mein Vater wiederum folgte mehr oder weniger den Fußstapfen seiner Eltern und wurde Kameramann und Cutter, drehte Filme und Reportagen, später gemeinsam mit seiner Frau, die ebenfalls aus dem Metier kam und Regie führte. Durch meinen Vater landete ich schließlich in einer Fernsehproduktionsfirma, die für ihre leichte Nachmittagsunterhaltung auf den Privatsendern bekannt ist. Dieser kurze Abriss der beruflichen Laufbahn unserer Familie zeigt: Darin finden sich keine christlichen oder religiösen Spuren. Erst vor Kurzem habe ich erfahren, dass mein Opa Mitglied in der evangelischen Kirche ist. Vor der Arbeit an diesem Buch haben wir nie darüber gesprochen. Das blieb auch in meinem Leben noch eine lange Zeit so: Meine Partner waren nicht religiös, meine drei Halbbrüder wurden nicht getauft.

Und die Kirchenskandale gingen weiter. Das, was immer schon passiert war, wurde jetzt mehr und mehr öffentlich. Nachdem der von den Medien als »Protz-Bischof« betitelte Tebartz-van Elst sich als Verschwender von Kirchengeldern einen Namen gemacht hatte, ein missionierender Amerikaner von einem geschützten Stamm in Indien bei einem Bekehrungsversuch mit Pfeil und Bogen getötet wurde und immer mehr Missbrauchsfälle öffentlich wurden, konnte ich irgendwann nur noch müde den Kopf schütteln. Selbst als dem Erzbischof von Köln, Kardinal Woelki, die Vertuschung massenhafter Missbrauchsfälle vorgeworfen wurde, fühlte ich kaum noch Wut. Eher Resignation, Enttäuschung. Irgendwann verschwand auch dieses Gefühl. Mir wurde die Kirche, die Religion, all das ganz einfach egal. Oder eher bittere Gewohnheit. Kirche und Religion waren laut meiner Weltsicht eben von Grund auf auf Machtmissbrauch angelegt und darauf, Menschen kleinzuhalten. Dem wollte ich mich ganz sicher nicht beugen. Also machte ich um alles, was damit zu tun hatte, einen großen Bogen.

3

Frau sein und glauben?

Ich wusste wenig bis nichts darüber, was es tatsächlich bedeutete, gläubig zu sein. In meiner Ignoranz war ich davon überzeugt, zu wissen, wovon ich sprach, wenn ich über Religion schimpfte. Hinzu kam, dass ich mich mit der Zeit immer mehr als Frau wahrnahm. Und meiner Meinung nach kamen die Frauen in der Religion nicht sonderlich gut weg. Mein Halbwissen reichte vom Sündenfall bis zur Reinheit von Jungfrauen. Ich fragte mich: Warum kamen Frauen in der Geschichte der Religion oft so schlecht weg? Warum wurden kluge, belesene Frauen als Hexen verbrannt? Sicher nur, weil sie eine Gefahr für die Kirche waren. Deshalb durften sie auch keine Pfarrerinnen werden, keine Priesterinnen. Dass auch Männer als Hexer verbrannt wurden, Kleriker ebenso, wusste ich nicht. Ich sah mich als Frau von der Kirche diskriminiert, ohne Mitglied zu sein. Ich sah mich als Opfer übler Nachrede und dem Mann untergeordnet. War ja klar, dass ausgerechnet Eva der Grund war, warum wir aus dem Paradies vertrieben wurden. Und dass ich mit der Menstruation zu kämpfen habe, war ich deshalb als Frau eben auch selbst schuld.

Als ich auf der indonesischen Insel Bali war, sah ich an jedem Tempel Schilder mit der Aufschrift: *»No entrance for menstruating women.«* Ich durfte den Tempel also nicht betreten, wenn ich gerade menstruierte. Mein Blut würde die heilige Stätte verunreinigen, hieß das. Natürlich ist das Gebot zu respektieren, dennoch fand ich es damals irritierend. Wir sprechen hier allerdings nicht vom Christentum und der Kirche, sondern vom Bali-Hinduismus. Dennoch fühlte ich mich als Frau verdrängt.

In Deutschland fällt es immer noch vielen Männern schwer, überhaupt über Menstruation zu sprechen, in der Werbung wird Menstruationsblut noch heute mit einer blauen Flüssigkeit dargestellt. Die Periode der Frau erregte schon immer die Gemüter. Hatten die Männer ein Glück, dass sie nicht menstruierten, denn sie wurden von diesen Verboten automatisch ausgenommen. Wieso bestrafte man immer uns Frauen? Was haben wir getan, um das zu verdienen? Grundsätzlich fragte ich mich, was wohl passiert wäre, wenn Jesus eine Frau und Adam derjenige gewesen wäre, der den Apfel vom Baum gepflückt hat. Wären die Frauen dann auch die Benachteiligten gewesen? Obwohl ich nie in die Kirche ging und weil mein Wissen nur aus Popkultur und Medien stammte, fühlte ich mich stets als lästige Sünderin vor Gottes Auge.

Ich bin eine Frau, die sich gern zurechtmacht, schick kleidet, ich shoppe gern, trage bunte Heels, mein Lidstrich ist auffällig, mein Lippenstift rot. Ich feiere Weiblichkeit und Sexualität, bin neugierig und interessiert. Es hat viele Jahre gedauert, um so positiv mit mir selbst umgehen zu können, deshalb bin ich stolz auf die Frau, die ich geworden bin. Dennoch: Habe ich als solche überhaupt einen Platz in der Religion oder bin ich für alle und jeden nur die Sünderin? Dass unter Jesu Jüngern auch Frauen waren, dass er Frauen gleichermaßen heilte wie Männer, dass sowohl das Alte als auch das Neue Testament voll ist von bedeutsamen Frauen und Maria natürlich als eine der wichtigsten Frauen des Evangeliums auftritt, all das blieb mir verborgen, da ich mich nicht näher damit beschäftigte. Ich nahm die Bruchteile dessen auf, über das ich mich aufregen konnte. Was würde Gott also dazu sagen, dass ich bereits geschieden war und mich neu verliebt hatte?

Mein Ex-Mann und ich hatten nur standesamtlich geheiratet, da wir beide nicht getauft waren. Anschließend gab es ein Fest. Nach einem Jahr merkte ich allerdings, dass ich den falschen Weg eingeschlagen hatte. Ich ließ mich von dem Wunsch blenden, jetzt einen Mann an meiner Seite zu haben, der bleibt, und bin einer Idealvorstellung nachgelaufen. Die Ehe hielt nicht lang, wir ließen uns nach knapp einem Jahr scheiden. Ich dachte lange Zeit, dass ich deshalb jetzt automatisch bei jedem Christen »unten durch« wäre. Nur mein jetziger Lebensgefährte beruhigte mich mit den trockenen Worten: »Für die katholische Kirche warst du sowieso nie verheiratet.« Na dann.

Wir leben in einer Zeit, in der Frauen immer noch viel abverlangt wird, in der die Erwartungen sich gegenseitig widersprechen und wir nie etwas richtig machen können: unbezahlte Care-Arbeit leisten, gleichzeitig Karriere machen, Kinder bekommen, Self-Care, Me-Time, Überstunden leisten, ohne »zickig« zu werden, nicht alt aussehen, schmal sein, kurvig sein, sexy sein, züchtig sein. Das alles aber natürlich bei durchschnittlich schlechterer Bezahlung als die männlichen Kollegen – wenn wir überhaupt eine Chance in »typisch männlichen« Berufen bekommen.

Durch meinen Lebensgefährten lernte ich zwei Pfarrerinnen kennen, die mir auf Anhieb sympathisch waren: Anna Manon Schimmel ist Pfarrerin in Neuried, Dr. Anne Helene Kratzert in Karlsruhe-Palmbach. Die beiden sind auf Instagram aktiv, leiten auch mal einen Fernsehgottesdienst. Sie sind Freundinnen, und alle paar Monate veranstalten sie gemeinsam einen Live-Stream namens »Prost, Gott«, bei dem sie sich mit einem Bierchen religiösen Fragen widmen. Meine Frage damals gleich zu Anfang: Sind die eigentlich katholisch oder evangelisch? Dass Frauen nicht Papst werden können, wusste ich bereits. Aber dass sie in der katholischen Kirche keine Pfarrerinnen sein konnten, war mir neu. Nicht umsonst entlockte ich meinem Mann ein Schmunzeln mit meiner Frage dazu. Ich wusste noch viel weniger, als ich dachte. Dennoch fragte ich mich wieder einmal: Warum war die Kirche so patriarchal? Warum durften Frauen so viel weniger als die Männer? Diskriminierender, sexistischer Verein, dachte ich mir.

In dem bekannten Werbespot des Magazins *»Girls. Girls. Girls.«* rezitiert die Schauspielerin Cynthia Nixon das Gedicht *»Be a Lady they said«* von Camille Rainville und zeigt damit, welchen widersprüchlichen Wünschen eine Frau in der Gesellschaft zu entsprechen hat. Sie findet drastische Worte dafür, die nicht umsonst millionenfach in den sozialen Medien geteilt wurden: Der Rock sei zu kurz, die Hose zu eng. Eine Frau solle nicht so viel Haut zeigen, sondern noch etwas für die Fantasie übriglassen. Sie solle rein sein, nicht über Sex reden, gleichzeitig aber auch nicht prüde sein, sondern sexy, aufregend und erfahren. Der lange Text macht deutlich, wie vielen verschiedenen und vor allem gegensätzlichen Ansprüchen eine Frau zu genügen hat. Die Worte sitzen tief, jede Frau in den Kommentarspalten dieses Videos fühlt sich abgeholt.

Auch ich fühlte mich verstanden. Ich war wütend und enttäuscht von der Welt, die mir viel zu oft sagte, wie ich zu sein hatte. Und auch, wenn ich keine Glaubenserziehung genossen hatte, flüsterte in mir immer wieder eine Stimme: Dass uns Frauen solche Dinge gesagt werden, hat seinen Grund doch nur darin, dass uns schon die Religionen schlechtmachen, wo sie können. Dass in dem Gedicht die Zeile »sei jungfräulich« gleich zweimal auftaucht, verstehe ich als Hinweis auf das religiöse Bild der Frau. Wer nicht mehr jungfräulich ist, ist unrein, ist kein »Heiratsmaterial« mehr, Außenseiterin, Geächtete. Ich dachte an die christlichen Extremen, die Evangelikalen, von denen ich so oft las. Sie greifen tief in das Selbstbestimmungsrecht der Frauen ein, erteilen Abtreibungsverbote, die für viele den Tod oder schwere psychische Probleme bedeuten. Sie erzählen etwas von christlichen Familienwerten, die dringend zu erhalten seien, und stellen sich daher gegen queere Mitmenschen. Alles nach dem Willen Gottes. Ich war lange sicher, dass alle Christen so sind. Ich dachte mir: Wenn das das Christentum ist, wenn das Glaube bedeutet, dann bin ich raus.

So vieles regte mich auf, machte mich traurig. Ich fühlte mich zurückgelassen, als minderwertig betrachtet, wenn es um den kirchlichen Kontext ging. Einmal sang ich bei einer evangelischen Hochzeit, es war nur ein Job, für den ich bezahlt wurde. Es bereitete mir Unbehagen, die Kirche zu betreten. Das war nicht meine Welt. Dennoch bemühte ich mich um Höflichkeit, als ich bei der Küsterin und dem Pfarrer vorstellig wurde. Doch schon meine bloße Anwesenheit schien den alten Pfarrer zu stören, der mich von der ersten Minute an behandelte wie eine Unwürdige. Abfällig und von oben herab. Er verlangte, dass ich am Mikrofon die Texte aus dem »Gotteslob« für alle vorsang, doch dafür war ich weder engagiert worden noch kannte ich die Lieder. Eine kleine Diskussion entbrannte. Jeder kenne sie, sagte er aufgebracht, und ich solle mich nicht so anstellen. »Das schaffst du schon, Mädchen.« Hatte der Typ mich erwachsene Frau eben »Mädchen« genannt?! Der Pfarrer rümpfte die Nase über mich. Dass es Menschen gibt, denen das tatsächlich fremd ist, schien für ihn unbegreiflich.

Die Braut erzählte mir später, dass der Pfarrer nicht begeistert von den englischen Pop-Balladen war, die ich sang (und sich die Braut von mir gewünscht hatte). Ich war in dieser Kirche nur als Dienstleisterin, aber für den Pfarrer offenbar nicht würdig, auch nur in seiner Nähe zu stehen. Ich dachte: Du magst ein Kirchenmann sein, schreibst dir Werte wie Nächstenliebe auf die Fahnen, dennoch scheinst du Frauen nicht besonders zu mögen. Klar. Wir gelten bei ihm im Verein ja auch als die Bösen.

Ich möchte allerdings etwas klarstellen: Ich bin mir meiner Privilegien bewusst. Ich bin eine weiße, deutsche Frau, in Köln geboren, ich habe studiert (und abgebrochen) und mich beruflich hochgearbeitet. Als Frau fühle ich mich frei in meiner Heimat und grundsätzlich sicher. Ich kann wählen gehen, Auto fahren, arbeiten, Karriere machen, Kinder bekommen oder nicht, einer Religion angehören oder eben nicht. Ich habe einen Anspruch auf gesundheitliche und finanzielle Versorgung. Ich darf und kann vieles, was anderen Frauen auf dieser Welt und auch hierzulande nicht vergönnt ist, sei es aus kulturellen, politischen oder religiösen Gründen. Ich bin mit vielem beschenkt und dafür bin ich dankbar. Und dennoch: Selbst aus meiner privilegierten Position heraus werde ich die Frage nicht los, ob die Unterdrückung der Frau grundsätzlich religiös motiviert ist. Und wenn ja, was wir tun können, um zumindest im Glauben auch jeder einzelnen Frau auf dieser Welt den Halt zu geben, den sie braucht und verdient hat.

In Köln besuchte ich die Ausstellung »Susanna« im Wallraff-Richartz-Museum und erlebte endlich eine weibliche biblische Figur, die mich zutiefst beeindruckte. Die Bilder waren zum Teil zwar verstörend, aber die Geschichte dazu bewegte mich: Susanna war eine badende Schönheit, verheiratet, Mutter, fromm und lieblich. Sie ahnt nicht, dass sie beim Baden von zwei älteren Richtern beobachtet wird, die sie daraufhin bedrängen und erpressen: Wenn sie nicht freiwillig mit ihnen schläft, wird sie von ihnen fälschlich angeklagt, Ehebruch begangen zu haben. Damit droht ihr die Todesstrafe. Doch Susanna geht nicht auf die Erpressung ein, sondern setzt sich zur Wehr, sie schreit – und wird vor Gericht gezerrt, wo die beiden Richter ihre Version durchsetzen. Susanna steht kurz vor der Hinrichtung, doch dann fährt ein Engel in den Dorfbewohner Daniel. Der vorher noch unbeteiligte Zuschauer wird zum Schlichter in der Affäre. Er verlangt einen fairen Prozess für Susanna und überführt die Richter mit einer List der Lüge. Susanna kommt frei. Zu Hause lasen mein Mann und ich die Passage in der Bibel nach. Nur zwei Seiten, die so viele Maler über die Jahrhunderte hinweg zu unglaublichen Werken inspiriert hatten. Und eine starke Frau, die sich gegen das Unrecht, das ihr durch die zwei Männer geschah, zur Wehr setzte. Ja, ihr musste ein Engel zur Hilfe kommen, damit sie der Hinrichtung entgehen konnte, dennoch: Für mich war Susanna die Heldin ihrer eigenen Geschichte. Zwar wurde sie auf den Bildern der Ausstellung als ängstliche, bedrohte Frau dargestellt, die vor Gericht in Scham und Trauer den Kopf senkt. Aber ihr Schrei, ihre Wehrhaftigkeit gegen das Böse ist das, was sie für mich zur Heldin macht. Eine Heldin der Bibel.

Solche Frauen kannte ich nicht, jedenfalls nicht aus der Religion. Ich wuchs mit anderen Geschichten über andere Frauen auf, die das Gegenteil der starken, wehrhaften Susanna waren. In den Disneyfilmen meiner Kindheit vermittelte man mir: Du bist nichts, bis dein Prinz auftaucht und dich endlich zu seiner Königin macht. Bis dahin sei ruhig, lieb, zurückhaltend, und tu, was man dir sagt. Dornröschen schlief, bis Prinz Phillip kam. Schneewittchen musste ebenfalls wachgeküsst werden. Arielle wurde von ihrem Patriarchenvater unter Wasser gehalten und bekam endlich Luft, als sie ihren Prinz Erik kennenlernte. Wir mussten kleingehalten und von einer starken, männlichen Hand erobert und geführt werden. Wir waren die Huren in den Geschichten, die gefährlichen Verführungen oder die Schutzbedürftigen, Wehrlosen, um die »Mann« sich kümmern musste. Dass es in der gesamten Geschichte der Kirche auch unglaublich starke und bewundernswerte Frauen wie beispielsweise Teresa von Ávila gegeben hat, die sich mehr als einmal gegen ihre männlichen Klerikerkollegen durchsetzte und auch unter größter Bedrohung und Gefahr für ihren Glauben einstand, wusste ich lange Zeit nicht. Oder die große Gelehrte Hildegard von Bingen, nach der zwar unser Nachbargymnasium benannt war, die mir aber sonst völlig fremd war. Noch so eine große Christin, die für viele Kollegen unter anderem deshalb unbequem war, weil sie sich zum

Beispiel offen mit der sexuellen Lust beschäftigte und sie als göttliche Kraft interpretierte. Die Geschichte ist voll von großen christlichen Frauen. Nur wird über sie leider wenig gesprochen. So entsteht ein einseitiges Bild, das Fehlinterpretationen den Weg ebnet. Ich habe lange Zeit gedacht, Religion schüre ein negatives Bild der Frau. Aber wenn ich eins gelernt habe, ist es: Glaube niemals, was du denkst. Zumindest nicht, ohne ein paar kluge Bücher darüber gelesen zu haben.

Auch über Jesu Mutter Maria wusste ich lange wenig. In meinem Kopf war sie die Einzige, die in der Bibel gut wegkommt. Zwar schien sie mir eher gluckenhaft, im Hintergrund, zweitrangig, aber immerhin wird über sie nur Gutes gesagt. Der Marienkitsch und -kult hält in manchen katholisch geprägten Ländern bis heute an. Immer ist sie mit Heiligenschein dargestellt, wie sie Baby Jesus in ihren Armen hält. Ich habe Maria aber nie als starke Frau empfunden. Eher als bemitleidenswertes Werkzeug der Glaubensgeschichte, als junge Frau, die plötzlich ungewollt schwanger wurde. Man hatte sie nicht gefragt, ob sie diese Bürde tragen will. Es passierte einfach. Denn es war Gottes Wille. So wurde die unverheiratete Maria schwanger. Und das in einer Welt, in der man dafür geächtet wurde. Sie beteuerte, trotz ihrer Schwangerschaft Jungfrau zu sein. Doch glaubte man ihr das? Maria trug außerdem nicht irgendein Kind in sich, sondern

Gottes Sohn. Einen Jungen, der ein herausforderndes und kurzes Leben führen würde, der als Messias die Menschen befreien würde. Welche Bürde für die junge Mutter!

Ich hatte Mitleid mit Maria. Deshalb bin ich umso dankbarer, dass ich eines Tages eine ganz andere Darstellung dieser Frau entdeckte. Beim Gottesdienst in Münsterschwarzach war ich zeitweise abgelenkt von der Statue, die rechts neben dem Altar in einer Wandnische stand. Wenn ich in Kirchen Platz nahm, habe ich mir die Umgebung immer genau angesehen, jeden Zentimeter des Raumes aus der Ferne betrachtet und erforscht. Hier blieb mein Blick an der Statue von Maria und Jesus hängen. Sie war anders als jene, die ich bisher kannte. Für meine Augen war Maria meist nur als Beiwerk dargestellt, als beinahe Unbeteiligte ohne richtige Aufgabe. Während sie verliebt und in sich gekehrt auf Jesus blickt, zeigt er eine wichtige Geste, zeigt auf sich und den Himmel, hebt die Hand, schaut den Betrachter direkt an. Das Baby wirkte auf mich immer erwachsener und erhabener als die Mutter. Doch bei dieser Statue ist es anders. Jesus ist hier als das dargestellt, was er war: ein Baby. Und Maria wirkt nicht wie eine Anbetende, sondern wie seine Mutter. Maria balanciert den kleinen Jesus auf ihrem Oberschenkel. Das kleine Kind scheint noch wackelig auf seinen Beinchen zu stehen, es hält sich mit den

Händen an seiner Mutter fest, die ihn behutsam anlächelt und beschützt. Sie hält seine rechte Hand vorsichtig fest. Maria hält die Hand ihres Sohnes so, dass er lernt, wie er sie zum Segnen heben muss. Maria ist hier also nicht nur als die Frau dargestellt, die Jesus geboren hat, sondern auch als seine Mutter, die ihm gewissenhaft beibringt, seine spätere Aufgabe erfüllen zu können.

Ich war vor wenigen Tagen nach vielen Jahren wieder einmal im Kölner Wallraf-Richartz-Museum und habe mir mit meinem Mann Zeit genommen, um die gesamte Abteilung über mittelalterliche Malerei zu studieren. Ich achtete besonders auf die Darstellung von Maria und dem kleinen Jesus, weil ich mich selbst in meiner oben beschriebenen Annahme bestätigen wollte. Und siehe da: Auf vielen Bildern ist Maria nicht die verklärte, abwesende Mutter Gottes, die ein Kind auf dem Arm trägt, das älter und reifer wirkt als sie selbst. Da war wenig von der Ohnmacht, die ich früher so oft zu sehen dachte. Ich sah im Gegenteil einige Abbildungen, auf denen Maria wie bei der Statue in Münsterschwarzach als erhabene, kluge Frau abgebildet war, Jesus anleitend, als seine Mutter, die sich ihrer Verantwortung stellt und dem Baby auf ihrem Arm zeigt, was es zu tun hat. Nur habe ich diese Bilder mein Leben lang nicht wahrgenommen. Erst jetzt, als ich mein Augenmerk auf das abgebildete Verhältnis der beiden richtete, bemerkte ich, dass ich damals eben mit einer anderen Perspektive auf die Bilder schaute.

Eine weitere solche Abbildung der Maria und ihres Kindes fand ich erst vor Kurzem zufällig im Museum Folkwang in Essen. Ich war etwas irritiert über die Aufteilung der Exponate, da sie nicht, wie ich es sonst kannte, nach Epochen oder Stilen aufgeteilt waren, sondern thematisch zusammengestellt wurden. So fanden sich Werke aus der Renaissance neben zeitgenössischer Kunst wieder, große, barocke Ölgemälde hingen neben abstrakten Fotografien. Ich schlenderte also ziellos durch die Räume – und blieb schlagartig vor einem Bild stehen. Es war nicht besonders groß, die Farben nicht besonders prachtvoll. Aber die Abbildung zog mich sofort in ihren Bann. Da war sie: Maria mit dem Jesuskind. Aber dieses Bild war wieder ganz anders als alles, was ich bisher kannte. Dieses Bild hat der französische Maler Maurice Denis 1902 beendet. In Blau- und Grautönen gehalten, sieht man Maria, die in einem dunkelblauen Kleid vor einem offenen Fenster sitzt. Hinter ihr thront eine Stadt, man sieht weite Flur. Neben ihr wachsen weiße Blumen aus einem Topf. Sie hält ihr schlafendes Baby, das ein langes, hellblaues Gewand trägt, unter den Armen fest und gibt ihm einen liebevollen Kuss auf die Stirn. So wie das jede Mutter mit ihrem Kind tut in einer Geste der Liebe und Zuneigung. Völlig ungekünstelt und natürlich. Das Baby stützt die Füße im Schoß der Mutter ab, wird aber vor allem von ihr gehalten und neigt den Kopf mit geschlossenen Augen vertrauensvoll zu ihrem Gesicht.

Eine Sache verrät jedoch, wer tatsächlich abgebildet ist: Um die Köpfe der beiden wurde eine kreisförmige, zarte, goldene Linie gemalt. Der Heiligenschein macht deutlich, dass es sich hierbei um Maria und das Jesuskind handelt – oder sie zumindest interpretieren soll. Der Maler Maurice Denis nahm seine Frau und sein Kind als Vorbild für die göttliche Szene. Denn nur wenige Jahre zuvor hatte das Paar tragischerweise ihr erstes Kind verloren. Die Geburt des zweiten, auf diesem Bild abgebildeten Kindes erschien dem Maler wie ein gottgegebenes Wunder.

Denis hat mehrere Fassungen dieses Bildes gemalt, verschiedene Abbildungen einer Mutter mit ihrem Kind. Eine andere Version, die sich im Van-Gogh-Museum in Amsterdam befindet, kommt in zart-blassen Tönen und mit verwischten Pinselstrichen daher – und gänzlich ohne Heiligenschein. Auf diesem Bild sitzt Maria mit ihrem Kind vor einem einfachen Haus unter schattenspendenden Bäumen, die von Blumenbeeten umzäunt sind. Beide Darstellungen strahlen eine unglaubliche Ruhe, Liebe und Geborgenheit aus. Der einfache englische Titel verrät bei beiden Varianten nicht, wer auf dem Bild zu sehen ist: *Motherhood*. Damit ist alles gesagt. Ob für Maria oder jede andere liebende Mutter. Nur der französische Originaltitel verrät, worum es wirklich geht: *Vierge au baiser* – Küssende Jungfrau. Ich werde diese Darstellung nie vergessen, weil sie mich durch ihre Einfachheit und ihre Natürlichkeit besonders bewegt. Ich bin sehr dankbar für die Aufmerksamkeit, die ich seit meiner Begegnung mit der Statue in Münsterschwarzach auf verschiedenste Mariendarstellungen aufwenden kann.

Das Frausein spielte für meine Glaubensreise immer eine große Rolle. Ich habe mich in den mir bekannten Erzählungen über Kirche und Religion nicht wiedergefunden, konnte mich mit keiner Frau identifizieren, fühlte mich ausgestoßen, von der Kirche abgelehnt, ohne mich jemals näher damit beschäftigt zu haben.

Als ich anfing zu schreiben und über das Thema nachzudenken, wurde ich unsicher, ob die Rolle der Frau in der Gesellschaft nicht grundsätzlich mit dem Glaubensthema zusammenhängt. Ich denke, dass sich beides nicht eindeutig voneinander trennen und getrennt voneinander erklären lässt. So vieles ist bestimmt durch die Summe unserer Erfahrungen und die Erkenntnis dessen, worauf wir unseren Blick lenken.

4

»Jeder nur ein Kreuz« – Religion in Film und Musik

Nicht nur durch meinen familiären Hintergrund war ich schon seit meiner Kindheit fernsehbesessen. Wie bei den meisten Familien in den 90er-Jahren flimmerte die Mattscheibe im Alltag beinahe immer im Hintergrund. Cartoons, Robin-Williams-Filme, Sandmännchen. Grenzen, was bei uns geschaut werden durfte, gab es wenige. Nur hohle, actionreiche und gewaltvolle Anime-Serien waren nicht erwünscht. Dafür lernte ich schon früh eine Serie kennen, die eine lange Liebe wurde: »Star Trek«. Wir hatten Videokassetten mit allen Filmen und Folgen in ein großes Regal einsortiert. Vor allem »Star Trek: The Next Generation« und »Star Trek: Voyager« liefen bei uns rauf und runter. Wir hatten Bücher darüber, und mit sechs Jahren besuchte ich gemeinsam mit meiner Mutter und meinem Stiefvater meine erste Star Trek Convention in Bonn. Ich war so fasziniert von den Abenteuern der Enterprise-Crew, dass ich unbedingt ein Teil davon sein wollte. Den Namen meines Lieblingsraumschiffs der Föderation lernte ich auswendig (USS Enterprise NCC-1701-D) und fieberte mit Data, dem Androiden, der ein Mensch sein wollte. Schon immer war ich der Überzeugung, dass wir auf diesem Planeten im All nicht allein sein konnten, dass es ein riesiges Universum da draußen gab, das wir nur noch nicht erschließen konnten. Für mich war ausgeschlossen, dass es die Erde gab, weil jemand sie »gemacht« hat. Die Erde war nur ein winziges Sandkorn in den »unendlichen Weiten und Galaxien, die nie ein Mensch zuvor gesehen hat«. Entstanden durch den Urknall, ein Moment des puren Glücks, dass es ausgerechnet diesen Planeten und das Leben darauf geben sollte. Gott spielte keine Rolle für mich als Kind, das davon träumte, irgendwann auch einmal das Universum zu erkunden, gemeinsam mit der Crew der Enterprise, mit Data, Counselor Troy, Worf und allen anderen. Mit Captain Jean-Luc Picard, Earl Grey trinkend und Shakespeare rezitierend, wollte ich als sein Erster Offizier »neue Welten erforschen, neues Leben und neue Zivilisationen«.

Aber nicht nur Star Trek lief bei uns rauf und runter. Manche Filme gehörten zum festen Repertoire unserer Familie – und lenkten mein Bild von Gott und Religion in eine Richtung, durch die ich beides nicht ernst nehmen konnte. Wir bereiteten Popcorn zu oder brieten Burger und Pfannkuchen, die wir zu unseren Filmabenden mit vor den Fernseher nahmen. Ich saß am liebsten auf dem bunten Teppich vor dem alten Röhrengerät und starrte mit großen Augen darauf, wenn die kitschig-choral-orchestrale Musik am Anfang meines Lieblingsfilms meiner Kindheit durch die

Lautsprecher leierte. Schwarzbild und dann ein Stern, der hell am Firmament aufleuchtet und den Heiligen Drei Königen den Weg zu Jesu Krippe wies. Der Film »Das Leben des Brian« der Britischen Komikergruppe Monty Python hat sich von Beginn an einen Platz in meinem Herzen gesichert. Bis heute kann ich große Teile in nahezu perfekter Imitation der deutschen Synchronisation mitsprechen. Auch meine Mutter, mein Stiefvater und meine kleinen Brüder können den Film rezitieren. Der Film erzählt die Geschichte des jungen Brian Cohen, durch dessen Leben sich die Verwechslung mit Jesus zieht. Schon bei seiner Geburt landen die Heiligen Drei Könige im falschen Stall und wollen Brian statt seinem Nachbarn Jesus ihre Gaben schenken. Das Missverständnis klärt sich zwar auf, doch Brian gerät auch im Erwachsenenalter in unglückliche Situationen mit Menschen, die ihn für den Messias halten. Am Ende provoziert er die Römer damit so sehr, dass er gejagt und ans Kreuz gehängt wird. In die Geschichte eingegangen ist der Song *»Always look on the bright side of life«*, den Brian gemeinsam mit anderen Gekreuzigten kopfnickend bis in seinen Tod hinein singt. Jesus selbst ist nur zu Beginn des Films zu sehen. Von seiner Bergpredigt hören wir bloß wenige Worte, der Fokus liegt in dieser Szene bei den streitsüchtigen Bürgern, die aus weiter Entfernung Jesu Worte missverstehen und sich schließlich prügeln. Es ist ein Film über Jesus, in dem Jesus so gut wie gar nicht vorkommt. Als Kind formte sich somit in mir die Überzeugung: Diese ganze Geschichte rund um das Christentum und Jesus ist ziemlich witzig und überhaupt nicht ernst zu nehmen. Dass viele Menschen den Film gar nicht so lustig fanden, weil sie ihren Glauben darin auf die Schippe genommen sahen, liegt auf der Hand. Das hat ihn für mich nur noch interessanter und witziger gemacht.

Als »Das Leben des Brian« im Jahr 1979 in die Kinos kam, sorgte der Film für Furore. Es wurden hitzige Debatten über Blasphemie geführt, wütende Vertreter der Kirche wurden nicht müde, den Film und seine Macher anzuprangern. Er wurde dennoch (oder vielleicht deswegen?) ein riesiger Erfolg und gilt bis heute als einer der meistzitierten Filme aller Zeiten. Aber worauf will ich mit dieser kleinen Abhandlung hinaus? Der Film prägte mein Bild von Kirche und Glauben entscheidend mit. Ich sah ihn als jemand ohne Glaubensbezug, nicht als jemand, der zur Kirche ging und die Bibel kannte. Ich wusste nichts über das Wirken und den Leidensweg Christi. Deshalb war diese Erzählung, dieser Film für mich wahnsinnig lustig (zugegeben ist er das bis heute). Ich fühlte mich durch ihn nicht beleidigt, sondern unterhalten. Heute weiß ich, dass es auch viele Christen gibt, die »Das Leben des Brian« gern sehen, die ihn als das anerkennen, was er ist: eine Komödie, die nicht mehr sein will als das.

Allerdings interpretierte ich die Geschichte als Kind eher so: Das ganze Gewese um Kirche, Glaube und Religion braucht man nicht ernst zu nehmen. Religion, vor allem das Christentum, ist ein Witz, ein Scherz. Monty Python sollten bei Weitem nicht die Letzten sein, die sich der Thematik mit zum Teil bissigem Humor annäherten. Der britische Komiker Ricky Gervais, bekannt für seinen Mangel an *political correctness*, hat ganze Bühnenshows darüber gemacht, wie leicht die Bibel zu widerlegen sei. Lange Zeit war mein Lieblingsauftritt von ihm der, als er ein Kinderbuch zerlegt, in dem die Geschichte von Noah und der Arche erzählt wird. Dass kein Platz für alle Tiere dagewesen sei, dass Gott auf den Zeichnungen in dem Buch rote Wangen hatte und Ohrringe trug, dass er womöglich mit Noah flirtete und sogar als homosexuell dargestellt würde – Ricky Gervais erklärte trocken und streitlustig, dass man den Kindern mit dieser Geschichte Flausen in den Kopf setzt, ihnen doppeldeutige und doppelmoralische Lügen auftischt, die leicht als solche zu entlarven sind. Er eckte damit an – und füllte Arenen. Menschen wie mir, die Religion ohnehin für Humbug hielten, öffnete er damit Tür und Tor zu Spott und Hohn. Ich dachte: Er hat recht, dass er so abfällig über die Geschichten in der Bibel spricht. Schließlich kann nichts davon jemals so passiert sein, und dennoch berufen sich noch heute Christen auf die Geschichten des Alten und Neuen

Testaments. Und das, obwohl sie so leicht zu widerlegen sind.

Dass die Erzählungen in der Bibel sinnbildlich zu betrachten sind, Augenzeugenberichte, die man in ihren historischen Kontext einordnen muss und die unterschiedlich interpretiert werden können, war mir lange Zeit nicht bewusst. Damals war ich froh, dass es Künstler gab, die das Christentum als das entlarvten, was es für mich war: ein Irrglaube, der auf uralten Schriften basiert, die sich nicht mehr ins Heute übertragen lassen. Mit einer solchen Einstellung habe ich mich immer wieder weit aus dem Fenster gelehnt, ohne jemals selbst einen Blick in die Bibel geworfen zu haben. Es ist leicht, sich über etwas zu erheben, von dem man keine Ahnung hat.

»Das Leben des Brian« verbinde ich heute vor allem mit meiner Kindheit. Ich zitiere gern scherzhaft daraus, wenn es um grammatische Diskussionen geht (»Akkusativ, Akkusativ!«) oder um schöne Frauen (»Er hatte eine chöne Frau.«). Ich bediene mich vieler Sätze aus dem Film, die als solche einfach nur witzig sind, ohne mich über das Christentum lustig machen zu wollen (»Geschenkt ist geschenkt, wiederholen ist gestohlen!«) und halte den Film als mit Humor zu betrachtende Komödie in guter Erinnerung.

Ein weiterer Film aus meiner Kindheit und Jugend, der das Religionsthema aufgriff und Eindruck bei mir hinterließ, ist das Drama »Chocolat« mit Juliette Binoche und Johnny Depp in den Hauptrollen. Meine Mutter und ich haben ihn oft zusammen gesehen. Gerührt und an uns selbst erinnert hat uns die Geschichte des Mutter-Tochter-Duos, das ohne Mann durch die Welt zieht und auch bei noch so großen Krisen aneinander festhält. Wenn man dem Soundtrack (komponiert von Rachel Portman) lauscht, meint man, durch die Streicherklänge beflügelt, den Nordwind zu spüren, der Vianne und ihre Tochter Anouk auf die nächste große Reise schickt. Neben aller Romantik zeigt der Film aber auch die Kirche als Unterdrückerin jeder Sinnlichkeit. Vertreten durch den frommen und strengen Bürgermeister ist sie es, die verhindern will, dass die vermeintlich böse Versuchung in der Kleinstadt Fuß fasst.

Diese Versuchung verkörpert Vianne, die in das stille französische Dorf Lansquenet-sous-Tannes zieht und dort in den 1950ern unbedarft eine Chocolaterie eröffnet – mitten in der heiligen Fastenzeit! Damit verärgert sie den Bürgermeister Compte de Renoir (gespielt von Alfred Molina), der ihr vorwirft, mit ihren sündig-schokoladigen Köstlichkeiten die braven Bewohner der Kleinstadt auf den falschen Weg zu locken. Plötzlich wird während der Gottesdienste heimlich Schokolade genascht, der Beichtstuhl ist voll von Leuten, die gestehen, in der Fastenzeit gesündigt zu haben. Diese Sünden sind in den Augen Gottes vielleicht harmlos – ein Witwer, der sich in eine Witwe verliebt hat, ein Kind, das Schokolade genossen hat –, jedoch nicht in den Augen des Comptes. Der strenge Aristokrat, der gerne mal den Rotstift in den Predigten des jungen Nachwuchspfarrers ansetzt, wird immer wütender und versucht, Vianne mit allen Mitteln zu vertreiben. Dabei stört ihn nicht nur, dass Vianne die Menschen in Versuchung führt und rote Schuhe trägt wie der Teufel persönlich, ihre Tochter ist auch noch unehelich empfangen worden. Doch christliche Werte zeigt Vianne selbst, die sich den Problemen der Bewohner annimmt und sie durch ihr offenes Ohr, ihre Nächstenliebe und die passende Süßigkeit zurück ins Leben führt. Während sie dem Seevagabunden Roux und seiner großen Familie aus Roma und Sinti etwas zu Essen und Gastfreundschaft anbietet, ruft der Graf zum »Boykott der Unmoral« auf und will auch diese vertreiben. Ungeachtet dessen, dass Jesus wohl gehandelt hätte wie Vianne, sich nämlich den Außenseitern anzunehmen, bringt der Compte die Bürger gegen Vianne und die Seeleute auf. Es kommt zu dramatischen Szenen, an deren Ende aber das Gute gewinnt: Der Compte lernt, Fünfe gerade sein zu lassen, und erkennt, dass er mit seiner vorgeschobenen Frömmigkeit die Menschen erst recht unglücklich gemacht hat.

Der Film zeigt die Kirche als starre Institution, in der Regeln, Buße und Sünde eine größere Rolle spielen als Hoffnung, Nächstenliebe und Mut. Die graue, finstere Welt des Grafen gegen die fröhliche, menschennahe Welt von Vianne. Der Film sagte mir damals, dass Christen ihre selbstgeschaffenen Regeln jedem menschlichen Wert überordneten. Dass Abweichungen von diesen Regeln boykottiert gehören. Und dass keiner willkommen ist, der diese Regeln nicht befolgt. Dabei sagte Jesus schon im Matthäusevangelium: »Wer von euch wird, wenn ihm am Sabbat sein Schaf in eine Grube fällt, es nicht sofort wieder herausziehen? Und wie viel mehr ist ein Mensch wert als ein Schaf! Darum ist es am Sabbat erlaubt, Gutes zu tun« (Matthäus 12,11f). Ist das nicht ein Plädoyer, Regeln beiseitezulegen, wenn sie etwas Gutem im Weg stehen? Wenn Regeln nicht schützen, sondern schaden?

Natürlich ist »Chocolat« ein amerikanischer Spielfilm mit Meisterplot und hochkarätiger Hollywood-Besetzung. Außerdem wurde er von einem bekannten Schokoladenhersteller gesponsert. Er ist also nicht als Werk zur Glaubenserziehung gedacht. Als solchen würde ich ihn auch nicht betrachten. Aber er ist mir bis heute in Erinnerung, weil er genau das Bild bestätigte, das ich damals vor Augen hatte: Religion als Killer von Lebensfreude.

Ein weiteres Juwel, das ich hier nicht außer Acht lassen möchte, ist der Film »Dogma«, den ich zunächst als Teenager sah und wegen seiner Brutalität mochte. Er zeichnet wieder ein völlig anderes Bild von Religion und Glaube, das ich damals noch nicht richtig verstand.

»Ich habe Probleme mit allen, die Gott wie eine Last statt wie einen Segen behandeln wie manche Katholiken. Ihr Leute feiert euren Glauben nicht, ihr betrauert ihn.« Diesen Satz sagt die Muse Serendipity (gespielt von Selma Hayek) zu der Ur-Ur-Ur-(und noch viele weitere Male Ur)-Nichte von Jesus Christus. Bethany ist ihr Name, und sie wurde vom Seraphim Metatron (Alan Rickman), höchstpersönlich auf einen »heiligen Kreuzzug« geschickt. Bis vor Kurzem wusste sie nicht, dass sie die letzte Erbin Christi ist. Sie arbeitete in einer Abtreibungsklinik und dachte mit ihrer jüdischen Kollegin darüber nach, weshalb sie immer noch jeden Sonntag zur Kirche geht. Und das, obwohl sie Gott nicht mehr spürt, obwohl sie überzeugt davon ist, ihren Glauben verloren zu haben. Doch jetzt ist sie gemeinsam mit der Muse Serendipity, dem Sprachrohr Gottes Metatron und dem dreizehnten Apostel Rufus (Chris Rock) unterwegs, um zwei gefallene Engel davon abzuhalten, die Existenz der Welt rückgängig zu machen. Diese beiden Engel sind Loki (Matt Damon) und Bartleby (Ben Affleck). Weil Loki nicht mehr für Gott morden wollte, legte er sich, von Bartleby angestachelt, mit Gott an und flog mit seinem Kumpel zusammen aus dem Himmel. Damit gestraft, auf ewig ein Dasein auf der Erde zu fristen, wollen die beiden zurück nach Hause. Vom listigen Dämon Azrael auf ein Schlupfloch aufmerksam gemacht, machen sie sich auf den Weg nach New Jersey, um sich dort den Generalablass bei einem Kirchenjubiläum zu holen. Dass sie damit die Unfehlbarkeit Gottes widerlegen und das gesamte Leben auf der Erde zerstören würden, wird ihnen erst klar, als sie auf die Erbin Christi stoßen. Das Ganze mündet in einem blutigen Gemetzel vor der Kirche, das Gott (wunderbar gespielt von Alanis Morissette) höchstselbst beseitigen muss. Der ist allerdings verhindert, weil in seinem irdischen Körper gefangen und von einer Dämonenbande ins Koma geprügelt. Doch am Ende wird alles gut. Der bisher unfruchtbaren Bethany wird von Gott das Glück einer Schwangerschaft gegeben und das Massaker der gefallenen Engel rückgängig gemacht.

Der Film aus dem Jahr 1999 sorgte für Aufsehen, man warf dem Autor und Regisseur Gotteslästerung und Blasphemie vor, sodass die Disney-Studios, die den Film ursprünglich veröffentlicht hatten, von der Publizierung zurücktraten. Harvey Weinstein, der heute wegen schweren Missbrauchs und Vergewaltigung im Gefängnis sitzt, nahm sich des Films damals an und veröffentlichte ihn unter seinem eigenen Label. Weinstein hält noch heute die Rechte an dem Film und gibt sie nicht heraus, weshalb man ihn zurzeit nirgends legal kaufen oder streamen kann. Für den Macher des Films, Kevin Smith, ein harter Schlag. In einem Interview äußerte er sich resigniert: »Mein Film über Engel gehört dem Teufel persönlich.«

Anders als »Das Leben des Brian« zeigt sich dem aufmerksamen (gläubigen) Zuschauer, dass der Film keineswegs über Religion oder gar das Christentum lästert. Er nimmt dafür aber die Kirche als Institution auf die Schippe, die Regeln erwirkt, die vor allem ihr selbst helfen und die möglicherweise Teile von Jesu Geschichte unter Verschluss halten, um die eigene Institution zu festigen, Frauen zu unterdrücken und Schwarze Apostel aus der Erzählung zu streichen. Es gibt kluge Dialoge darüber, warum man Gottes Willen blind befolgen oder eben nicht befolgen sollte, wie sein Wort ausgelegt werden kann, es gibt theologische Diskussionen, Zitate aus der Bibel, Anekdoten. Aber auch einen intensiven Streit zweier Engel darüber, wann sich der Wunsch, nach Hause zurückzukehren, in einen krankhaften Wahn und Hass gegen Gott verwandelt. Die beiden sind auf der Flucht und stehen in einem Parkhaus, während sie sich in den heftigen Streit hineindiskutieren. Ein schönes Stilmittel: Durch das Parkhaus hallen die Stimmen der beiden wider wie in einer Kirche, wenn sie sich darüber streiten, wie fanatisch Bartlebys Vorhaben auf seinen Freund Loki wirkt: »Mein Gott! So eine Tirade habe ich schon mal gehört! Du klingst wie der Morgenstern! Du klingst wie Luzifer, Mann!«, sagt Loki zu seinem Kumpel. Er glaubt, er sei verrückt geworden und rede nicht mehr davon, nach Hause zu gehen, sondern es gehe ihm darum, in einen »verdammten Krieg gegen Gott« zu ziehen.

Es gibt hier kein Schwarz oder Weiß, die Engel sind weder gut noch böse. Aber sie haben einen gemeinsamen Auftrag, der sich auf der Reise weiterentwickelt – so sehr, dass er Bartleby und Loki schließlich tödlich entzweit.

Im Film wird auch darüber philosophiert, wie Jesus damit umging, als man ihm im Kindesalter offenbarte, welche Bürde er für die Befreiung der Menschen auf sich nehmen müsste. In meiner Lieblingsszene erfährt Jesu Nichte Bethany von ihrer Herkunft. Der dreizehnte Apostel erklärt ihr, dass Jesus zwar von Gott gesandt und die Empfängnis von Maria unbefleckt war, weist aber auch darauf hin, dass sie mit Josef zusammen war – und mit ihm Kinder zeugte. Bethany stammt somit zumindest zu Teilen aus Christi Blutlinie und soll jetzt die Welt retten. Mit dieser Last auf den Schultern rennt sie verzweifelt weinend in einen See hinein. Sie kann das alles nicht, will das alles nicht. Sie schreit Gott an, schimpft, verflucht ihn. Warum sie? Und dann kommt Metatron. Auf dem Wasser laufend nähert er sich ihr und erzählt ihr, dass Jesus damals das Gleiche gesagt habe. Er war nur ein Kind, das nicht verstand, warum ausgerechnet er die Menschheit befreien soll. Er war Gottes Sohn, aber er war auch nur ein Kind. Doch Jesus nahm sich seiner Aufgabe an, zeigte Mut und Resilienz sondergleichen. Bethany versteht schließlich, dass Gott einen Plan hat und dass dieser größer ist als ihre Angst.

Der Film erschien mir als Teenager als ein witziger Streifen über zwei verrückte Engel, die metzelnd nach New Jersey ziehen, um Gott zu widerlegen. Ich sah ihn eher als Splatterkomödie an. Dabei lässt er sich als Satire einordnen, ist klüger als er zunächst annehmen lässt, und voller theologischer Fragestellungen. Klar gibt es dumme Witze, es gibt zwei kiffende und notgeile Propheten mit großem Herz und einen Dämon aus Fäkalien, der aus den Exkrementen der Toten von Golgota besteht. Wenn man aber den Dialogen aufmerksam lauscht, wird klar: Dieser Film ist eine Liebeserklärung an den Glauben, an die Bibel und die Geschichte Jesu. Das zeigt sich ebenfalls im Abspann, an dessen Ende sich die Macher des Films unter anderem völlig unironisch bei Gott bedanken – er habe sie schließlich kreiert und damit auch die Idee für den Film gesät. Sie danken zudem den Männern, die das Evangelium für alle Zeiten schriftlich festhielten: »Saint Matthew, Saint Lucas, Saint Marc und Saint John« und einer Nonne, die ihnen in der Schule die Bibel nähergebracht habe wie keine andere. Ich habe mir den Film beim Schreiben dieses Buches noch einmal angesehen und gemerkt, dass ich ihn als Teenie völlig anders wahrgenommen und eingeschätzt habe. Heute bin ich froh, ihn noch einmal mit neuen Augen geschaut zu haben, denn darin werden die gleichen Fragen gestellt, die auch ich mir auf meiner Glaubenssuche immer wieder gestellt habe.

Ich schreibe hier lange Abhandlungen über Spielfilme, die ich als Kind und Teenager immer wieder gesehen habe, weil sie wichtig für meine Glaubensreise waren. Rückblickend wird mir das ganz deutlich, da meine Meinungsbildung über Religion maßgeblich von diesen Filmen geprägt war. Nicht alle, die ich gesehen habe, machten sich über das Christentum oder Religion lustig, aber sie haben mir ein verzerrtes, unvollständiges Bild vermittelt. Ein witziges oder martialisches, ein düsteres oder zu belächelndes. In meiner Welt gab es keine ernsthafte Religion. Es gab nur Filme darüber. Und die waren Religion gegenüber nicht unbedingt freundlich. Oder zumindest nicht auf den ersten Blick.

Und dann gab es noch »Sister Act«. Der Kultfilm mit Whoopie Goldberg in der Hauptrolle zeigte mir eine völlig andere Facette der christlichen Religion: den Gospel. Die Musik zog mich sofort in ihren Bann, der Plot berührte mich. Popcorn-Kino mit christlichen Bezügen und Happy End!

Im Film wird die Nachtclub-Sängerin Delores Van Cartier Zeugin eines Mafiamordes und muss zu ihrem Schutz in einem Nonnenkloster untergebracht werden. Dort wird sie umbenannt in Schwester Mary Clarence und bekommt das volle »Nonnen-Programm«: früh aufstehen, beten, im Garten jäten, Linsenmatsch essen, beten, früh zu Bett gehen. Sie hasst es, will aus der Nonnenkluft (»Ich sehe aus wie ein Pinguin!«) zurück in Glitzer-Outfits und lila Nerzmäntel. Als sie eines Tages von der Ehrwürdigen Mutter in den Chor gesteckt wird, ändert sich alles für sie. Sie übernimmt die Leitung der schief und krumm singenden Truppe und schafft es mit ihrer Stimme, ihrem Elan und ihrer charismatischen Art, die Nonnen und auch die Nachbarschaft für sich zu gewinnen. Am fulminanten Ende des Films kommt der Papst höchstpersönlich, um in der endlich wieder vollen Kirche dem engelsgleichen Gospel-Chor der Schwester Mary Clarence bei ihrer Version von »I will follow him« zuzuhören.

Hier sah ich das erste Mal einen Film, in dem es um die christlichen Frauen geht. Um ein Nonnenkloster mit Publikumsproblemen. Es geht um eine Kirche, in der man nur den alten Traditionen folgt, in der sich die Nonnen verstecken, anstatt sich sozial zu engagieren (»Diese Roben bieten unseren Schwestern nicht genug Schutz, aber diese Mauern tun es.«). Die Menschen des Viertels verlieren das Interesse an der Kirche, kaum noch jemand kommt zum Gottesdienst. Die Ehrwürdige Mutter ist streng, sie mag die weltliche Musik nicht, die Schwester Mary Clarence mitbringt, sie mag ihre laute Art nicht, ihre Respektlosigkeit (»Sie haben den Chor verdorben und die Kirche entweiht!«), muss aber erkennen, dass es genau das ist, was dieses Kloster gebraucht hat. Man kann darüber schimpfen, wie geradlinig die Storyline als Heldenreise gezeichnet ist, wie amerikanisch und wie kitschig. Dennoch beeindruckte mich der Film damals sehr. Wie die Nonnen gemeinnützig in der Nachbarschaft helfen, sich mit den Jugendlichen unterhalten, rausgehen und strahlen, fand ich sehr rührend.

»Sister Act« ist pure Musik. Der Gospelchor und die Lieder laden zum Mitsingen ein. Ich spulte auf unserer VHS-Kassette immer wieder zurück, um die Chorauftritte zu sehen, bis ich die Lieder auswendig konnte. Mein Favorit ist bis heute »Hail Holy Queen«, in dem die schüchterne Novizin Sister Mary Robert ihre

Stimmgewalt entdeckt. Der Soundtrack des Films mischt Pop-Stücke aus dem R'n'B der 80er-Jahre mit kirchlichen Liedern und Gospel. Bewegend, laut, gefühl- und kraftvoll. Die Macher des Films folgen damit der Tradition der alten Meister des R'n'B und Soul. Schon Sam Cooke und Ray Charles wurden in ihren Anfängen stark dafür kritisiert, die Musik aus ihrer Kirche, die Lieder, mit denen sie aufgewachsen waren, zu schmissigen Tanzsongs umgewandelt zu haben. Ich bin heilfroh, dass sie es getan haben. Im Gospel, R'n'B und Soul findet sich Gott wie sonst nirgendwo.

Der Film war so erfolgreich, dass es einen zweiten Teil gab. In »Sister Act 2« leitet Schwester Mary Clarence einen Chor für benachteiligte Kinder aus einem Armenviertel der Bronx. Eines dieser Kinder wird von der Sängerin Lauryn Hill verkörpert. Ihre Version von »Joyful Joyful« macht mir heute noch Gänsehaut. Der Song »Oh Happy Day« hat ebenfalls einen großen Auftritt – und wurde der erste Song, den ich in der Schule als Solistin mit vierzehn Jahren im Schulchor in der Aula aufführte. Das atheistische Emo-Kind sang aus voller Kehle:

»Oh happy day
When Jesus washed
He washed my sins away«

Ob ich damals darüber nachgedacht habe, *was* ich da sang? Nein. Ich habe darüber nachgedacht, wie es sich *anfühlt*. Und dieses Lied hat mir, ebenso wie *»Amazing Grace«* auf einer Ebene etwas gegeben, das ich nicht greifen konnte. Noch heute singe ich diese Lieder, wenn es mir nicht gutgeht und ich Kraft brauche.

Musik kann das. Musik kann uns heilen und verbinden, uns Trost schenken und ein Licht sein, wo Dunkelheit ist. Dass es Musik überhaupt gibt und wir als Menschen vermögen, sie zu spielen und zu spüren, ist für mich ein Beweis: Da ist Gott drin.

Musik.

Wie kann es Musik geben, wenn es nicht etwas Höheres gäbe? Beim Thema Klang kommt es auf Frequenzen an, akustische Signale, Reaktionen unseres Gehirns, neurologische Zusammenhänge. Aber wer erklärt mir, dass ich Gänsehaut bekomme, wenn mich jemandes Gesang oder eine Symphonie berühren? Oder dass mir Tränen in die Augen schießen, wenn mich ein bestimmtes Stück im Kern meiner Seele bewegt? Auch das lässt sich sicherlich biologisch erklären. Aber wieso reagiert unser Körper überhaupt auf etwas wie Musik, wenn es keine Überlebensfunktion hat, sondern einfach nur … schön ist? In vielen Momenten habe ich erlebt, was Musik mit mir anstellen kann. Und nicht selten waren religiöse Songs der Grund. Wenn ich einen Gospelchor höre, muss ich weinen. Wer einmal Mahalia Jackson zugehört hat, der spürt, dass da eine Energie ist, die man nicht greifen, nicht begreifen kann. Sam Cooke, John Coltrane, Cleo Sol. Nick Cave, Johnny Cash, Patti Smith. Die Liste an Künstlern, die in ihrer Musik über Gott und ihren Glauben singen, ist lang und in sich sehr verschieden. Ist es nur Show, wenn Beyoncé nach einem erfolgreichen Auftritt mit feuchten Augen gen Himmel schaut und ein stilles *»Thank you, God«* spricht? Ich glaube nicht. Eher glaube ich, dass für solche Momente der überweltlichen Ehrfurcht und Dankbarkeit nur Gott der richtige Ansprechpartner sein kann.

Mir ist es ein Anliegen, an dieser Stelle ein musikalisches Ereignis zu beschreiben, das mich zutiefst beeindruckt und geprägt hat: »One Love Manchester«. Ich habe noch nie in meinem Leben einen musikalischen Moment der kollektiven Hoffnung erlebt wie diesen. Hier zeigte sich für mich, wie wichtig es ist, der Angst immer Liebe entgegenzusetzen.

Am 22. Mai 2017 feierten, sangen und tanzten rund 20.000 junge Menschen, Teenager und Kinder beim Konzert der Popsängerin Ariana Grande in Manchester, UK. Nach dem Konzert kam es im Foyer der Arena zu einer Explosion. Ein islamistischer Selbstmordattentäter sprengte sich in die Luft und riss 23 andere Menschen mit in den Tod. Es war der größte Terroranschlag im Vereinigten Königreich und so unglaublich traurig und unfassbar, weil viele Kinder und Jugendliche ihr Leben verloren. Ariana Grande verkündete noch am gleichen Abend über Twitter, dass ihr Herz gebrochen sei – und sie ein Benefizkonzert für die Opfer organisieren werde.

Es dauerte keine zwei Wochen. Am 4. Juni 2017 fand »One Love Manchester« statt. 23 Millionen Dollar wurden dort für das Britische Rote Kreuz gesammelt. Das Konzert schaffte es, mich im Kern zu erschüttern und in meiner tiefsten Seele zu berühren. Ich habe es in der Live-Ausstrahlung auf YouTube verfolgt und brach in Tränen aus, als Marcus Mumford von der Band »Mumford and Sons« als Erster allein mit seiner Gitarre auf die gigantische Bühne trat und eine Schweigeminute einlegte. 50.000 Menschen stehen da, viele von ihnen halten Schilder mit Aufschriften wie *»For our angels«* oder *»Where is the love?«*. Und sie schweigen eine Minute lang in die Weite des Stadions hinein. Gänsehaut. Dann beginnt Marcus Mumford langsam zu spielen und ruft ins Publikum: *»Let's not be afraid.«* Applaus, und dann: Nichts als seine tiefe Stimme, seine Gitarre und sein Blick, der den Menschen direkt in die Seele zu gehen scheint. Marcus Mumford singt vom Tod, der vor der Tür steht, der einem die Unschuld raubt.

Doch darauf folgt ein Versprechen: Du bist damit nicht allein! Man werde zusammenstehen und sich gegenseitig an den Händen halten. Der Song schenkt Hoffnung in der Hoffnungslosigkeit, macht in beängstigenden Zeiten Mut. Tränen im Publikum – und auf meinem Küchentisch. Ariana Grande brachte damals mit ihrem Team 24 Künstler und Bands der Extraklasse zusammen, um dieses Konzert auf die Beine zu stellen: Robbie Williams, Miley Cyrus, The Black Eyed Peas, Coldplay, Katy Perry und viele weitere Stars reisten an. Stevie Wonder gab per Video-Einspieler einen Song zum Besten. Ariana Grande beendete das Konzert mit »Somewhere over the Rainbow«. Als sie dabei zu ihrem Publikum hinunterging, ließ sie ihren Tränen freien Lauf und schluchzte ins Mikrofon. Vor ihr endlos viele junge Menschen, die sich in den Armen hielten, sich Schutz und Trost boten. 14.000 von ihnen waren bei dem Konzert dabei gewesen, bei dem der Anschlag passierte, und standen jetzt wieder hier. Nur zwei Wochen später. Manche von ihnen hatten an jenem Abend eine Freundin, einen Freund, eine Schwester oder einen Bruder verloren. Aber sie waren an diesem Tag da. Furchtlos, mutig, stark. »We are not afraid!« Wir haben keine Angst! Der Zusammenhalt dieser Menschen, die Musik, die sie über ihre Trauer hinwegzutragen schien, all das kam mir damals vor wie die Essenz des Menschseins. Dafür waren wir hier auf der Erde. Um einander Trost und Hoffnung zu geben, wenn alles hoffnungslos erscheint. Und wo Hoffnung ist, kann keine Angst sein. Ich weiß nicht, was es ist, wie es heißt und aussieht. Aber es ist da. Da ist der Glaube daran, dass wir gemeinsam sind. Dass wir zusammen sind und in keiner Krise allein. Dass Gott da ist. Dass Jesus da ist. Dass wir niemals im Dunklen sind und immer irgendwo ein Licht leuchtet.

Ich denke dabei an die Menschen, die an den Grenzen stehen, in Kriegsgebieten, die humanitäre Arbeit leisten, die da sind, wo Hoffnung am allermeisten gebraucht wird. Aber auch an jene, die im Alltag für andere da sind, an den Grenzen des Lebens, in Krankheit und Einsamkeit. Das sind die ganz »normalen« Helfer. Sie geben keine Benefizkonzerte, sind keine Superstars, werden nicht weltweit live in 38 Länder übertragen. Sie sind unsichtbar. Aber ihr Licht leuchtet dort, wo es benötigt wird. »One Love Manchester« war für mich sichtbar. Das Benefizkonzert wurde zu meiner eigenen kleinen Heiligenlegende. Und ich glaube fest daran, dass in der Musik eine Kraft steckt, die höher ist als alles hier auf der Erde. Die unseren Zusammenhalt stärken kann, die Hoffnung und Licht in die Dunkelheit bringt.

We are not afraid.

5

Wenn jeder an sich selbst denkt, ist an alle gedacht – oder nicht?

Anfang des Jahres 2019 kündigte ich meinen Job bei einer Fernsehproduktionsfirma. Ich verdiente dort so wenig, dass ich nach der Arbeit noch bis Mitternacht Essen ausfuhr, war ausgebrannt und uninspiriert. Also suchte ich nach neuen Aufgaben. Wie die aussehen sollten, wusste ich nicht. Irgendwas mit Schreiben und irgendwas mit Medien. Nach drei Monaten der Orientierung, in der ich mich so befreit wie nie fühlte und endlich neue, frische Luft schnappen konnte, bewarb ich mich schließlich bei einer Firma, die sich auf Persönlichkeitsentwicklung spezialisiert hatte. Das sperrige Wort klang für mich erst mal gut, was es genau bedeutete, wurde mir erst später klar.

Als ich den Job dann bekam, war ich plötzlich Werbetexterin für Menschen, die nach Sinn suchen. Ich war selbst auf der Suche nach Sinn, strebte nach mehr, nach Größerem. Ich wusste, dass in mir mehr schlummerte, also ging ich nach erfolgreicher Bewerbungsrunde einen neuen Lebensabschnitt an. Ich wurde Werbetexterin für ein Unternehmen aus der Coaching-Branche. Zunächst war alles richtig gut. Ich wuchs in kürzester Zeit über mich hinaus, fand schnell Freunde, die sich wie Familie anfühlten.

An meinem ersten Arbeitstag gab es morgens eine Meditation. Als mir ein Kollege sagte: »Denk nicht, dass das hier immer so läuft. Das ist gerade ne mega Ausnahme«, dachte ich mir nichts dabei. Ich machte freiwillig viele Überstunden, ging mit meinen Kollegen jede Woche die *Extrameile*, um das Unternehmen nach vorn zu bringen. Wir dachten, wir helfen mit unseren Überstunden der Menschheit dabei, besser zu werden – was auch immer das heißen sollte. Unsere Kunden und uns selbst »ins volle Potenzial« zu bringen, war meine Aufgabe. Ich fühlte mich etwas Größerem angehörig, wollte die Welt verändern. Dass Menschen, die nicht Teil dieser Welt waren, die Firma als Sekte bezeichneten, war mir egal. Es wurde sogar zum Running Gag, den wir selbst immer wieder in Meetings fallen ließen. Dabei ahnte ich nicht, wie irritiert mein Umfeld damals wirklich von meinem neuen Job war. Ich verteidigte die Firma, ihre Methoden, ihre Persönlichkeitstest und wöchentlichen Feedback-Meetings. Ich dachte: Im Gegensatz zu allen anderen habe ich verstanden, wie diese Welt funktioniert. Die sind einfach noch nicht so weit und wollen nicht so erfolgreich sein wie wir! Wie falsch ich lag. Ich wurde gelehrt, diese Kritik an mir abprallen zu lassen und sie nicht ernst zu nehmen. Good vibes only.

Sogenannte Benefits sorgten gleich am ersten Arbeitstag für ein Dankbarkeitsgefühl der Firma gegenüber. Man bekam ein Macbook und ein iPhone, eine Flasche Champagner und eine persönliche Grußkarte vom Chef. An meinem ersten Tag fühlte ich mich geehrt, Teil dieses Teams zu sein. Ich interpretierte das Blendwerk als Wertschätzung und dachte, ich wäre beruflich angekommen. Jeder von uns war darauf aus, jeden Tag ein bisschen besser zu werden – menschlich, sozial, beruflich. Aber vor allem beruflich. Wer nicht besser, größer, toller werden wollte, passte nicht ins Team. Selbstoptimierung als ultimatives Ziel und das Verbot von *negative vibes*, dafür ein immer voller Kalender, Meetings auf Englisch, Zahlengerede über *conversion rates* und andere aufregende englische Begriffe waren an der Tagesordnung. Mein Job war es, mit meinen blumigen und menschennahen Texten per Mail und Social Media neue Kunden zu akquirieren und die bestehenden glücklich zu machen. Für tausende von Euro sollten sie bei uns Produkte kaufen, mit denen sie nicht nur Umsatz für die Firma generierten, sondern auch glücklicher, besser werden würden. Du willst mehr Geld verdienen? Hier ist ein Online-Kurs für dich! Du willst dich erfolgreich selbstständig machen? Hier ist ein Online-Kurs für dich! Du willst endlich deine negativen Gedanken loswerden und erfahren, wie du jede Krise meisterst? Hier ist ein Online-Kurs für dich! Du suchst nach Gemeinschaft und willst mit Gleichgesinnten die Party des Jahres feiern? Du willst besser, schneller, höher, weiter, an allen vorbei? Dann komm zu unserem Mega-Event mit Menschen, die so ticken wie du! Und so weiter und so fort. Ich redete von freiem Denken, von Sinnfindung und von Gemeinschaft – und es hat zwei Jahre gedauert, bis ich verstand, was ich wirklich bekam: Burnout und eine Depression.

Mein »volles Potenzial« durfte ich nur entfalten, wenn ich es im Rahmen der Firma tat. Ich sollte Zahlen bringen. Ohne Beschwerden meine Überstunden verrichten. Ich sollte die Klappe halten, wenn ich Entscheidungen der oberen Etage für fragwürdig hielt. Meine Bedenken über unsere Produkte, ihren Wahrheitsgehalt und den Umgang mit unseren Kunden sollte ich für mich behalten. Moralische Probleme? Wertekonflikte? Dann hast du deinen Job nicht verstanden.

Wir bekamen Mails von verzweifelten Menschen, die sich nicht in eine Therapie trauten, uns aber schrieben, dass sie Hilfe bräuchten, dass sie sich das Leben nehmen wollten. Diese Menschen sahen zu unseren falschen Gurus auf, die etwas von Selbstverwirklichung redeten, die sagten, sie würden eines Tages größer sein als der Papst, deren Gottkomplex erschreckend war. Ein neoliberales Buch, das jeder Mitarbeitende lesen sollte, wurde »Die Bibel« genannt und sollte uns beibringen, profitsteigernd zu arbeiten. Es hat damals unglaublich lange gedauert, bis ich begriff, warum ich überhaupt in dieser Firma gelandet war. Wie die meisten anderen Menschen dort suchte ich nach einer Ersatzreligion. Ich wollte von der Kirche und Gott nichts wissen. Ich betete nicht, sondern schickte Affirmationen und Mantras ans *Universum*. Ich wollte niemandem dienen als mir selbst und der Firma, aber gerne behaupten, ich diente mit meiner Arbeit der Menschheit. Meine persönlichen Werte wurden von den Firmenwerten überlagert, die wir zusammen entwickelten, die wir uns einprägen und verinnerlichen sollten. Ich arbeitete Tage und Nächte, Wochenenden und Feiertage umsonst bei unseren Veranstaltungen. Schließlich diente ich einem großen Ganzen, ich half dabei, unzählige Menschen in ihr »volles Potenzial« zu bringen. Ich folgte blind den Reden unserer Coaches, die sich ihre Weisheiten aus Weltreligionen und esoterischen Strömungen zusammenklöppelten. Man bediente sich aus zwielichtiger Küchenpsychologie, zitierte Philosophen und Dichter, ohne die Quellen anzugeben. Diese Menschen machen das Wissen anderer zu ihrem, vermischen es für ihre Zwecke miteinander und wollen sich somit als neue Gottheiten etablieren. In dieser Branche schenkt man solchen Menschen Glauben, man vertraut ihnen nicht nur sich selbst an, sondern man vertraut ihnen auch mehr als den akademisch ausgebildeten Ärztinnen und Ärzten, Wissenschaftlerinnen und Wissenschaftlern. Diese Gurus haben Charisma, und das macht sie so gefährlich. Durch ihre Herangehensweise entsteht eine fluffige und gefällige Masse an Kalendersprüchen, jeder für sich so einfach interpretierbar, dass jeder und jede etwas darin für sich findet.

Dass diese Masse eigentlichen klebrig, zäh und giftig war, wurde mir erst später bewusst. Ich fragte mich gegen Ende meiner Zeit dort: Warum fühle ich mich so schlecht? So ausgelaugt? Warum fange ich an zu weinen, wenn die nächste Meeting-Einladung kommt? Warum sagt mir mein Chef, ich solle meine Probleme zu Hause lassen und weiter der Sonnenschein sein, den alle so mögen? Warum trage ich meinen Chefs zuliebe ein Armband mit dem Satz *good vibes only*, obwohl ich mich elend fühle? Warum lächle ich im Großraumbüro und gehe zum Weinen auf die Toilette? Warum werde ich zum Firmenchef zitiert, weil ich Kritik an seinem herzlosen Umgang mit den Kollegen in der Pandemie geäußert habe? Ich war so bemüht, das Richtige zu tun. Schließlich waren wir doch eine Familie. Waren wir nicht?

Nein. Waren wir nicht.

Wir waren es, solange die Zahlen stimmten, die wir einbrachten, und solange wir mehr arbeiteten, als vertraglich vereinbart war. Bei Kritik hieß es von Seite der Chefs: »Seid doch mal dankbar für das, was ihr hier bekommt!« Ein Totschlagargument. Hier ging es nicht um ein Miteinander. Nein. Hier drehte sich alles nur um das Individuum. Jeder sollte für sich besser und größer werden. Jeder sollte an seinem Turm arbeiten, ihn höher bauen als alles andere. Das Lebensziel war es nicht, eine Infrastruktur aufzubauen, mit der alle Menschen in Einklang miteinander leben konnten, sondern: Wer den größten und höchsten Turm baut, ist der Geilste. Dumm nur, dass eine Landschaft mit hohen Türmen ohne Funktion niemandem etwas bringt, und am Ende nur Leid, Anstrengung und Neid hinterlässt.

Alles, was dieses Unternehmen tat, war, Geld mit dem Leid anderer zu verdienen. Unter dem Deckmantel der Selbstverwirklichung. Ich hatte zunehmend das Gefühl, wir züchteten immer mehr Egoisten heran, die nicht nach links und rechts schauten, die Probleme nie bei sich, sondern nur noch bei anderen sahen. Oder die Probleme nur noch bei sich sahen und sich damit in endlosen Selbsthassspiralen verloren. Wir leiteten die Menschen nicht an, zu reflektieren und zu hinterfragen, einander zu helfen und füreinander da zu sein. Wir ließen sie an Punkten allein, an denen sie ihre sicheren Häfen verlassen hatten und uns jetzt fragten, wie es weitergehen soll. Sorry, du hast nur den einen Kurs gekauft. Um jetzt weiterzukommen, kaufe den nächsten. Für 3.000 Euro.

Wir glauben an dich!
Aber vor allem:
Wir verdienen an dir!

Ich verlor das letzte Fünkchen des Glaubens an mich selbst, weil ich nach zwei Jahren in diesem Unternehmen völlig ausgelaugt und nicht mehr ich selbst war. In der Pandemie wurde ich immer einsamer, von mir als Arbeitskraft im Dauer-Homeoffice wurde immer mehr verlangt. Ich lebte allein, fühlte mich einsam. Meine einzige Konstante: diese Firma und das Team dort. Als ich irgendwann nur noch weinte und nicht mehr arbeiten konnte, ohne den Grund für meinen Zustand zu verstehen, kündigte ich. Ich erkannte langsam, dass meine eigenen Werte unter all den Selbsthilfetipps, den Mantras und positiven Affirmationen, unter den endlos weit nach oben ragenden Türmen begraben waren. Noch nie hatte ich mich so sehr von mir und allen anderen Menschen getrennt gefühlt. Es wurde noch schlimmer, als ich dann auch noch anfing, das dort Erlernte vor mir selbst herunterzubeten und mir Vorwürfe zu machen, weil es mir schlecht ging. Ich zerfleischte mich, weil ich dort gelernt hatte: Glück ist eine Entscheidung! Mein Chef sagte einmal zu mir, ich solle aufhören, so viel im Außen zu sein und mich mal lieber um meine eigenen Probleme kümmern. Ich würde die Probleme anderer zu sehr zu meinen eigenen machen und mich damit aktiv gegen mich selbst und gegen mein Glück entscheiden. Ich hatte doch die Werkzeuge, um mich selbst glücklich zu machen, warum nutzte ich sie nicht für mich? Weil es sich nicht richtig anfühlte, in Momenten der kollektiven Krise und Verzweiflung wie einer Pandemie nur für mich und keinen anderen da zu sein.

Als meine endlose, innere Leere überhandnahm und ich nur noch weinend auf dem Boden lag, war klar: Ich brauche Hilfe. »Du stehst kurz vor einer schweren Depression. Wir können das mit Medikamenten behandeln, aber ich würde es gern erst mal so versuchen, wenn das für dich in Ordnung ist«, sagte meine Therapeutin damals, als ich ihr unter Tränen gestand, mich nicht mehr zu spüren, das Gefühl zu haben, nur noch aus Masken zu bestehen und den Halt verloren zu haben.

Also sprachen wir. Wir sprachen sehr viel. Es kostete Kraft. Eine Menge Kraft. Und Tränen. Ich kam langsam wieder in Kontakt mit mir selbst. Die Erwartungen und Heucheleien meines alten Arbeitgebers ließ ich hinter mir. Meine Enttäuschung, von dieser »Familie« so fallengelassen worden zu sein, wich dem Willen, es jetzt besser zu machen. Ich kam mit der

Zeit darüber hinweg und sah ein, dass ich etwas in dieser Firma gesucht hatte, was ich dort niemals gefunden hätte: echten Halt, Gemeinschaft, Liebe, Anerkennung. Ich hoffte, *gesehen* zu werden. Vielleicht war es naiv zu glauben, ich würde all das in einem kapitalistisch orientierten Unternehmen finden. Aber ich wollte daran glauben, dass die Menschen dort die Wahrheit sagten und dass wir mit unserer Arbeit die Welt ein bisschen besser machten. Es kostete viel Zeit und Geduld, über meine Enttäuschung und Verletzung, auf diese falschen Götter hereingefallen zu sein, hinwegzukommen.

In der Pandemie hörte ich damals immer wieder, wie dramatisch es für Christen war, nicht in ihre Kirchen gehen zu können – und belächelte diese Tatsache in meinem eigenen desolaten Zustand. Sie hatten wenigstens einander. Und ich hatte niemanden! Wozu brauchen die ihre Kirchen? Beten können die doch überall, dachte ich. Heute finde ich es erschreckend, wie ich so zynisch sein, wie ich so wenig Mitgefühl haben konnte. Es war wohl nicht mehr viel davon übrig, wenn ich es für mich selbst schon kaum noch aufbringen wollte.

Ich suchte in dieser Firma eine Ersatzfamilie und -religion, und ich dachte, beides dort gefunden zu haben. Dabei begriff ich nur nicht, dass all das bereits da war. Es gab Kirchen. Es gab das Gebet. Es gab Seelsorger. Es gab Gemeinden. Es gab Gott. Aber ich fühlte mich nicht als Teil all dessen. Ich empfand Kirchen und Gemeinden nicht als Zufluchtsort, da sie mir so fremd waren. Daher applaudierte ich lieber blind zu den hohlen Phrasen falscher Propheten und verlor mich dabei im Nebel der denkdünnen Pseudopsychologie.

Diese Zeit war wichtig für meine eigene Entwicklung. Ich habe damals viel über mich gelernt und bin durch tiefe Täler gegangen. Und ich hoffe inständig, dass mehr Menschen begreifen, wie oberflächlich diese Welt der monetär getriebenen Persönlichkeitsentwicklung ist. Sie entkoppelt uns von dem, was wirklich wichtig ist, treibt uns in die Arme von Scharlatanen, deren einziger Zweck es ist, Geld in ihre Kassen zu spülen. Sie sagen, dass sie unsere *ergebenen Diener* sind und nur dazu da, uns ein glücklicheres, besseres Leben zu bescheren. Und eine Weile fühlen wir uns durch sie beflügelt, bereit fürs große Abenteuer, bereit, unser wahres Ich kennenzulernen. Doch das vergrößerte Ego hebt uns nicht in die Lüfte. Wenn die Flut kommt, beschwert es uns, sodass wir untergehen.

Aber das ist noch nicht alles. Es gibt einen neuen Trend auf dem Coachingmarkt: *Microdosing* mit illegalen Substanzen. Ehemalige Kollegen von mir erzählten, wie sie »betreut Drogen nahmen«, um sich wieder »mit der Ursuppe zu verbinden«. Es folgten lange Monologe darüber, wie es sich anfühlte, unter dem Einfluss von Halluzinogenen zu stehen, wie es war, sich selbst plötzlich wieder als Kind zu sehen, alte Traumata lebensecht zu wiederholen. Wie alles verschwamm, bunt wurde, plastisch wurde, klebrig oder weich. Man habe sich wieder mit dem Universum verbunden und es genau gespürt, erzählten sie. Da war diese Allmacht, dass alles gut werden würde, dass jemand wacht, dass das Universum uns Menschen alle verbindet. Endlich wieder verbunden mit der »Ursuppe«. Endlich.

Ich hatte immer wenig Interesse an solchen Gesprächen. Noch nie habe ich mir etwas aus Drogen gemacht. Außer vorzüglichem Siebträger-Kaffee, dem Glas Wein am Abend und hin und wieder einer Schmerztablette gegen meine Kopfschmerzen, blieb ich mein Leben lang rauch- und drogenfrei. Aber diese andere Art von Drogen, die Substanzen, die einen angeblich mit der »Ursuppe« (was soll das überhaupt sein?) verbanden, waren eine neue Art des Schreckens für mich. Ich fragte mich immer wieder: Warum denken Menschen, sie müssten sich auf solch eine Art und Weise mit »dem Universum« verbinden? Im schlimmsten Fall ebbte der Rausch wieder ab und man befand sich in einer Psychose, kam aus dem

Trauma nicht mehr heraus, das man heraufbeschworen hatte, oder wurde süchtig nach dem Rausch. Ich fragte mich, wonach diese Leute suchten.

Was ist diese Suche nach dem großen Unbekannten? Und dann dämmerte es mir: Es geht schon wieder darum, sich aus einem ohnehin schon privilegierten Zustand heraus noch mehr zu optimieren. Noch mehr Wissen zu schöpfen, klüger, besser, vernetzter zu sein, erkenntnisreicher und größer als alles andere. Diese Menschen entwickelten keine Demut durch ihre Verbindung mit ihrer versalzenen Ursuppe. Sie entwickelten einen Gottkomplex. Ich dachte mir: Euch würde ein bisschen mehr im Außen zu sein wirklich guttun. Wer so sehr um sich selbst kreist, noch die kleinsten Winkel des eigenen Gehirns und die am tiefsten vergrabenen Erinnerungen herauszukramen versucht, der hat die Verbindung zur Welt, zu seinen Mitmenschen, zu allem bereits verloren – und sucht sie jetzt in den eigenen Traumata.

Ich habe mich durch angeleitete Meditationen in Coachingkontexten auch oft genug in die tiefsten Gefilde meines Kopfes begeben. Ich habe nach Erklärungen und Hilfe gesucht. Was ich fand, waren meist Trauer, Überforderung und noch mehr Fragen. Damals wäre ich nicht auf die Idee gekommen, mich damit einem Seelsorger anzuvertrauen oder Ruhe und Verständnis im Gebet zu suchen. Das war mir völlig fremd. Stattdessen vertraute ich selbsternannten Gurus, die mit *binauralen Beats* mein Gehirn manipulierten, in mir Ungutes heraufbeschworen und mich dann damit allein ließen. Ich schickte »Wünsche ans Universum«, als hätte ich einen vertraglich festgesetzten Anspruch darauf, dass man sie erfüllt. Ich manifestierte mir mein Traumleben – das Universum macht das schon!

Ein Freund von mir sagte einmal: »Jeder, der ›Universum‹ sagt, meint Gott, würde es aber niemals zugeben.« Er selbst konnte mit Religion nichts anfangen, aber seine Worte leuchteten mir ein.

Das Universum wird's schon richten.
Das Universum hat einen Plan.
Das Universum ist immer da und hört dich.

Heute sage ich lieber: Gott. Und ich richte keine Wünsche mehr an ihn, sondern glaube an ihn. Ich habe keine Ansprüche an Gott, ich bin einfach froh, dass er da ist.

Wichtig ist mir zu erwähnen, dass es auch gute Coaches gibt, die beispielsweise therapiebegleitend oder in Umbruchsituationen und bei Neuorientierung unterstützen können. Aber leider ist der Coachingmarkt voll von Scharlatanen, Menschen mit Egoproblemen, die sich gern feiern und verehren lassen, denen wenig am Wohl ihrer Mitmenschen liegt, sondern die aus dem tosenden Applaus des Publikums ihre Lebensenergie ziehen. Ich habe viele solcher Menschen nah erlebt. Und ich halte viele von ihnen für gefährlich und spaltend. Sie schmücken sich damit, sozial oder finanziell schwache Menschen niederzumachen. »Die wollten halt nicht erfolgreich sein«, heißt es. Sie vergiften die Gesellschaft mit einem solchen *Mindset*, züchten Menschen heran, die nur noch an sich denken und jeden anderen ausgrenzen, die nicht sehen, wie privilegiert sie aufgewachsen sind und deshalb für jene, die schlechtere Lebenschancen haben, blind sind. Nächstenliebe spielt hier keine Rolle. Es zählt nur der eigene Profit, das eigene Wachstum. Wer nicht mitwächst, hat das selbst gewählt – und verliert.

Ich hätte da einen Gegenvorschlag: Anstatt uns Ersatzgötter zu suchen und illegale Substanzen auszuprobieren, sollten wir uns echten Profis anvertrauen, wenn wir uns seelisch erkrankt fühlen. Therapeutinnen und Therapeuten, die eine Depression oder einen Burnout erkennen und behandeln können. Seelsorgerinnen und Seelsorger, die immer ein offenes Ohr haben, wenn es brennt. Ganz ohne Selbstzweck. Wer Hilfe braucht, sollte eine ausgebildete Fachkraft aufsuchen. Diese Menschen reichen uns ihre Hand, wenn wir unterzugehen drohen. Gleichzeitig können wir viel tun, um die Welt wirklich besser zu machen. Im Kollektiv, füreinander. Gemeinnutz statt Eigennutz.

Denn niemand kann allein die Welt retten, Klimakatastrophen verhindern, Hunger oder Kriege beenden. Aber jeder Mensch kann seine Existenz auf dieser Erde dazu nutzen, im Miteinander etwas zu bewirken. Im Kleinen zuerst. Auch daraus kann Großes werden. Informiert spenden, Menschen vor der eigenen Haustür helfen, ein Ehrenamt übernehmen, sich für Hilfesuchende einsetzen, egal, woher sie kommen, sich (auch politisch) an dem beteiligen, was in der Gesellschaft passiert, nicht zulassen, dass wir in einem weichgewaschenen Sermon von Oberflächlichkeit dahinsiechen, sondern ins Handeln kommen – nicht nur für uns, sondern auch für andere.

Heute brauche ich keine Ersatzreligion mehr, weil ich einen Glauben gefunden habe, in dem ich mich zu Hause fühle, der mir Kraft gibt.

6

(K)Ein Zufall?

Vieles, was ich bisher erlebt habe, woher ich meine Inspiration und mein Wissen genommen habe, sprach dagegen, mich mit Glauben und Christentum auseinanderzusetzen. Wie kam es mit diesem Hintergrund dazu, dass ich eines Tages neben dem Abt saß? Und wie komme ausgerechnet ich – das *Heidenkind* – dazu, ein solches Buch zu schreiben?

Die Antwort ist einfach: Weil ich glaube.

Ich glaube daran,
dass niemand jemals allein ist.
Ich glaube daran,
dass Hoffnung immer stärker ist als Angst.
Ich glaube daran,
dass irgendwer oder irgendwas – nennen wir
es Gott – einen Anteil daran hat, welchen Weg
ich einschlage und welche Aufgaben mir auf
dem Weg begegnen.

Und ich glaube an Liebe und Gnade, die uns durch jeden Sturm führen, egal, wie laut und dunkel er sein mag.

Wie die letzten Kapitel gezeigt haben, war das nicht immer so. Und bis vor wenigen Jahren hätte ich auch noch laut gelacht, wenn man mir vorhergesagt hätte, dass ich mich heute intensiv mit meinem Glauben auseinandersetze. Ich habe mich kürzlich sogar taufen lassen. Und das in einer Zeit, in der vor allem die Kirchenaustritte Schlagzeilen machen – nicht die Eintritte. Der Grund ist simpel: Unser Leben ist mehr als nur der Kampf ums Überleben und der Wunsch, darin der oder die Beste zu sein.

In den letzten Jahren sind Dinge passiert, die mich dazu gebracht haben, immer weiter zu fragen, ob es nicht doch einen Plan für mich gibt. Mir muss nicht jeder Pfad gefallen. Er kann auch durch tiefe Täler führen. Aber er ist da. Noch nie habe ich wirklich an Zufälle geglaubt. Und je mehr ich mich mit meiner Glaubensgeschichte auseinandergesetzt habe, desto mehr fiel mir auf: Mein Leben ist voll von Momenten, in denen ich rückblickend glaube, dass es eben kein Zufall war, sondern eine höhere Macht, die dabei am Werk war. Ich glaube an einen Gott, an Engel, an Jesus Christus und seine Worte. Da ist jemand, der aufpasst. Auch, wenn ich es nicht immer spüren konnte. Und ich glaube, dass jeder Mensch solche Momente in seiner Biografie finden kann. Man muss nur die Augen offenhalten.

Als mein Opa acht Jahre alt war, wurde Berlin bombardiert. Seine Heimatstadt lag in Trümmern. Er musste mit seiner Familie fliehen und fand Unterschlupf in einer Kirche in Brandenburg. Er verbarrikadierte sich also mit den anderen Geflohenen in besagter Kirche und hoffte als achtjähriger Junge im Schutzkeller, dass Deutschland den Krieg gewinnen würde, damit das alles endlich vorbei war. Und dann fiel diese eine Bombe direkt durchs Kirchendach hindurch und landete auf dem Feldbett des Bruders meines Opas. Doch sie explodierte nicht. Der Blindgänger blieb einfach dort liegen, reglos, gnädig. Er riss die Kirche nicht in tausend Stücke und auch nicht meinen Opa mit in den Tod. Die Bombe sollte einfach dort liegen bleiben – und der Krieg schon wenige Zeit später vorbei sein.

Mein Opa lebt noch heute, stolze 86 Jahre ist er alt. Letztes Jahr haben wir an seinem Geburtstag zusammen den Jazz-Standard »Summertime« für die Familie performt. Meine Mutter an der Gitarre, mein Opa mimte seinen besten Louis Armstrong inklusive improvisierter Handtrompete, ich sang mit ihm. Diese drei Generationen hätten niemals diesen und auch jeden anderen Moment ihres Lebens erlebt, wäre die Bombe damals explodiert. Ich wäre nicht hier. Und würde nicht über Gott und meinen Glauben schreiben.

Als ich zwei Jahre alt war, fuhren meine Mutter und mein Vater mit mir nach Holland. Das muss kurz vor ihrer Trennung gewesen sein. Am Morgen ging mein Vater dort seinem liebsten Hobby nach: Windsurfen. Er verließ das Haus bei Dämmerung und paddelte mit seinem Surfbrett aufs Meer hinaus. Er wusste, wie es geht, stand schon oft auf diesem Brett, richtete sein Segel aus und lauschte den Wellen. Aber an diesem Morgen kam er nicht mehr zurück. Meine Mutter war außer sich vor Sorge und ging ihn zusammen mit mir suchen. Ich hatte ein gelbes Regenmäntelchen an und hielt mich an der Hand meiner Mutter fest, während wir durch das miese Wetter den Strand auf und ab liefen. Papas Auto stand auf dem Parkplatz. Von ihm keine Spur.

Jemand anderes fand ihn zum Glück lange vor uns. Andere Surfer sahen ihn auf seinem Surfbrett vor sich hintreiben und brachten ihn mit vereinter Kraft über eine Kette aus Surfbrettern stark unterkühlt und bewusstlos ins Krankenhaus. Der Mast seines Segels war gebrochen. Beim Versuch, es wieder aufzurichten, verließ meinen Vater – nass und der Oktoberkälte auf offener See ausgesetzt – die Kraft. Er brach zusammen und blieb reglos auf seinem Brett liegen. Nach der Einlieferung ins Krankenhaus hatte er nur noch 29 Grad Körpertemperatur. Lange hätte sein Körper das wohl nicht mehr mitgemacht. Aber mein Vater überlebte den Unfall. Zwar trennten sich meine Eltern Monate später, dennoch hatte ich weiterhin und habe ich bis heute einen Vater, den ich liebe. Wäre er nur eine Stunde später gefunden worden, wäre er erfroren. Sein Sohn, mein Halbbruder, wäre nicht geboren worden. Ich hätte nicht bei dem Versuch, unser Verhältnis zu verstehen und aufzuarbeiten, viel über mich selbst und uns beide gelernt. Und ich hätte heute keinen Vater mehr, hätte er an diesem Tag nicht einen Schutzengel gehabt. Eine schützende Hand, die ihn vor dem Tod und mich vor sehr viel Kummer bewahrte.

Ein weiterer meiner großen Glaubensmomente ereignete sich erst vor wenigen Jahren. Er betraf mich selbst direkt. Und er führte zu einer Reihe von Ereignissen, ohne die ich dieses Buch nicht schreiben würde.

Es war im Frühjahr 2021. Ich musste einfach dringend mal raus: raus aus meinen 50 Quadratmetern in der Kölner Innenstadt, raus aus dem Raum, der sich anfühlte wie ein stickiges, luftleeres Vakuum. Schreien unmöglich. Mir war egal, was ich dafür tun müsste, um endlich dort herauszukommen. Aber an diesem Punkt wollte ich einfach nur noch eins: weg. Nur befanden wir uns inmitten einer Pandemie. Reisen war mit viel Aufwand und schlechtem Gewissen verbunden. Was blieb mir also übrig? Ich fragte ein bisschen herum, bei Freunden, Verwandten: Heizung kaputt,

Haus besetzt, Ehekrise. Alles keine Option. Dann fiel mir ein Bekannter wieder ein: D. Er hatte ein Seminarhaus im Grünen, wenige Stunden von Köln entfernt. Ich verschickte eine Sprachnachricht: »Ich hab wirklich alles abgeklappert und rumgefragt, aber ... Könnte ich vielleicht für ein paar Tage im Seminarhaus unterkommen? Ich würde auch putzen, kochen, ich unterhalte euch gerne, singe für euch, ganz egal. Du kannst ruhig Nein sagen, du gehörst zu den Menschen, die das können: Nein sagen ... Aber ich möchte nichts unversucht lassen.«

D. antwortete mit so viel Witz, so viel Charme, so viel Menschlichkeit. Sein Haus sei immer offen, und natürlich dürfte ich kommen. Dabei lachte er über meine Fähigkeit, den Konjunktiv an genau den richtigen Stellen zu setzen. So charmant wie ich gefragt habe, könne er doch nicht Nein sagen.

Schon drei Tage darauf konnte ich losfahren. Eine Woche Zuflucht in diesem geräumigen Haus. Ich war damals völlig überrascht von so viel Vertrauen und Herzlichkeit. Schließlich kannten wir uns nicht sonderlich gut. Heute glaube ich, dass so ein wahrer Christ handelt.

Montags ging es los. Endlich Ruhe, auch vor dieser Finsternis, die in einer Ecke meiner Wohnung saß, mich düster anstarrte und mir den Schlaf raubte. Dass ich damals kurz vor einer schweren Depression stand, wusste ich nicht. Ich konnte nicht greifen, was in mir vorging. Ich war mir nur sicher: Wenn ich jetzt nicht handelte, würde mich dieses Etwas übermannen. Und so stieg ich ins Auto und fuhr los.

Bei meiner Ankunft begrüßte mich D. an der Tür und führte mich in die großzügige Küche. Nach einem kurzen angenehmen Gespräch über meine Anfahrt, begleitet von Kaffee und Käsekuchen, bezog ich mein Zimmer. Im Appartement herrschte absolute Ruhe. Vor den Fenstern riesige Kiefern, leichter Frühlingsdunst in der Luft. Das Zimmer selbst verströmte einen angenehm holzigen Geruch. Ein Schreibtisch mit Blick ins Grüne, darauf nur Schreibblock und Bleistift. Ich setzte mich an den Tisch und überlegte, wie sich der Bleistift zwischen meinen Fingern anfühlte. Wie lange hatte ich nicht mehr gehört, wie es klingt, wenn er das Papier berührt und Buchstaben formt? Über die vielen Jahre mit digitalem Arbeiten hatte ich beinahe vergessen, wie es ist, mit analogen Schreibgeräten umzugehen. Als ich mit dem Schreiben begann, hörte ich über mir nur die gedämpften Stimmen zweier Mitarbeiterinnen des Hauses. Vor mir das endlose Grün und wenige Vogellaute. Endlich angekommen.

Einige Zeit später bekam ich eine Nachricht von D.: »Feierabendbier?«

Und so saßen wir da, tranken ein malziges Starkbier und quatschten über Gott und die Welt. Die Assistentin kam dazu. Sie legte wortlos ein kleines, hölzernes Kreuz mit einem leidvoll blickenden Jesus auf den Tisch. Einen Moment lang starrten wir irritiert auf das Kruzifix, bis die Assistentin erklärte, dass D.s Mutter es abgegeben habe und einen Platz dafür im Seminarhaus erwarte. Ich betrachtete das kleine hölzerne Männchen. Es sollte den Anschein erwecken, Jesus sei an den Händen und Füßen ans Kreuz genagelt worden – so wie es geschrieben steht. Eigentlich war das Kruzifix aber eine Fake-Version, die geschickt verbarg, dass sich weder an Händen noch Füßen Nägel befanden. Man hatte Jesus einfach einen Nagel durch den Rücken gejagt. Bei genauerer Betrachtung kam mir das noch grausamer vor als die Szenerie ohnehin schon war.

Und so kamen wir dazu, uns über Gott zu unterhalten.

Zu diesem Zeitpunkt fand ich Gespräche rund um Gott, Glaube und Religion nur anstrengend und provokant. Mit meiner atheistischen Weltanschauung konnte ich weder mit dem Kruzifix noch dem Christentum etwas anfangen. Aber hier war ich nun. Mitten im Nirgendwo. Und unterhielt mich über Gott, Glaube und Religion.

D. erzählte mir von einem befreundeten Priester. »Einer von der coolen Sorte«, sagte er. In Kinos voller verängstigter Horrorfilmpilger packe er üblicherweise seinen Priesterausweis aus, um die Anwesenden zu beruhigen: »Keine Angst. Ich bin Priester!«

Katholisch getauft und wegen der wiederkehrenden Horrornachrichten immer wieder mit Austrittsgedanken spielend, blieb D. der Kirche treu. Er bewunderte die Nächstenliebe, die guten Taten, die Resilienz, die »Gottes Angestellte« oft auszeichne.

Und so entstand ein Dialog über die Kirche, die Ausgetretenen, über die Menschen, die noch Kirchensteuer zahlten, obwohl sie den Grund nicht mehr kannten – aber auch über die vielen stillen Leute im Hintergrund. Zum Beispiel jene, die in Krisengebieten verzweifelten Menschen Hoffnung geben. Oder im Kinderhospiz an der Seite derer stehen, die ihr eigenes Ende noch nicht begreifen können. Die Nächstenliebe leben wie wenige andere.

Normalerweise habe ich beim Thema Kirche immer abgeblockt. Aber dieses Mal war es anders. Als ich D. so zuhörte, musste ich meine vielen Vorurteile überdenken. Mein negatives Bild bekam Risse. Ich dachte an diese Finsternis, mit der ich mich zu Hause momentan auseinandersetzte. Je mehr ich um sie kreiste, desto schlechter ging es mir. Und desto dunkler wurde es. Während mein Bekannter darüber sprach, was andere füreinander tun, dachte ich nur daran, was ich für mich tun könnte. Vielleicht war genau das das Problem? Ich kreiste nur noch um mich, überfordert von Selbstoptimierungspraktiken, Morgenroutinen, toxischer Positivität und dem permanenten Hinterfragen des eigenen Erfolgs, meiner Beziehungen, meiner Moralvorstellungen. Mein damaliger Job befeuerte diese Egozentrik – ich war wie meine Kollegen nur noch bei mir. Doch anstatt mich besser zu fühlen, geriet ich dadurch in eine Spirale der Selbstabwertung. Kein Platz für Nächstenliebe. Kein Platz für andere Perspektiven. Nur meine Finsternis und ich.

Mit dieser Erkenntnis zog ich mich spät am Abend in mein Appartement zurück. Von der Finsternis keine Spur.

Diese Begegnung und die Gespräche in der Küche führten über Umwege zu echten, großen Lebensveränderungen.

Eines Abends saß ich wieder mit D. zusammen und lobte die Einrichtung der Appartements. Die Farb-

und Formgebung war so harmonisch, so beruhigend. Ein Buch habe ihn zu alledem inspiriert, erzählte er: »Die Kunst, ein kreatives Leben zu führen« von Frank Berzbach. Von den Schwärmereien meines Bekannten angefixt, bestellte ich mir das Buch sofort. Kaum war ich wieder in Köln, holte ich es in der Buchhandlung ab und begann sofort, darin zu lesen. Nach weniger als zwei Wochen war ich fertig – und restlos begeistert. Ich kaufte mir sofort zwei weitere Bücher des Autors und verschlang die neue Lektüre. Satz für Satz bekam ich mehr das Gefühl, da schreibt jemand, der mich versteht – über Schönheit, über Lebenskunst und Kreativität, wie ich es noch nie zuvor gelesen hatte. Und er bezieht sich dabei immer wieder auf seinen Glauben. Durch ihn inspiriert sah ich mir den Dokumentarfilm »Die große Stille« des deutschen Regisseurs Philip Gröning an, der mich zutiefst beeindruckte. Früher hätte ich mir nie einen Film angesehen, in dem so gut wie nicht gesprochen wird, der keinen Plot hat und in dem die dokumentarische Kamera zwei Stunden lang Kartäusermönche in ihrem stillen Alltag begleitet. Aber Franks Worte über seinen Glauben, der ihm half, Lebenskrisen zu bewältigen, und seine Hinweise auf verschiedene Glaubensrichtungen aus dem Zen-Buddhismus und Christentum machten mich nicht nur neugierig – sie inspirierten mich auf einer Ebene, die ich noch nicht kannte und unbedingt entdecken wollte.

Ich fand den Autor auf Instagram und schrieb ihm eine Nachricht: »Hey Frank (darf ich dich duzen?), ich habe gerade dein letztes Buch zu Ende gelesen und würde dir gern einen Brief schreiben, da ich einige Gedanken dazu habe, die ich aber nicht digital runtertippen möchte. Du inspirierst so zum analogen Schreiben, daher meine Frage: Darf ich dir schreiben, und hast du vielleicht eine Adresse für mich, wo ich den Brief hinschicken kann? Übrigens danke, dass du das *Metronom* erwähnt hast. Eine großartige Jazz-Kneipe ist das! Liebe Grüße. Nina.«

Noch am gleichen Abend bekam ich eine Antwort: »Liebe Nina, danke für deine Nachricht. Du kannst mir gern schreiben, oder du kommst einfach auf einen Tee vorbei. Ich bin momentan in Köln.«

Es folgten drei Tage WhatsApp-Chat und Sprachnachrichten, in denen wir nicht fassen konnten, einander gefunden zu haben. Was anfangs nur ein Dialog über Franks Bücher bei Tee sein sollte, wurde schließlich zu einer Weineinladung. Ein richtiges Date. Jetzt waren die Stunden bis zu unserem ersten Treffen kaum noch auszuhalten. Es kristallisierte sich recht schnell heraus, dass da etwas Großes im Gang war. Es fühlte sich an wie Fügung: So soll es sein.

Ich fuhr Samstagabend zu ihm. Seine damals zehnjährige Tochter, die alle zwei Wochen zu Besuch ist, spinkste neugierig durch die Tür und begrüßte mich. Was danach kam, war der Beginn meines neuen Lebens.

Frank und ich wurden ein Paar. Wir ergänzen einander auf außergewöhnliche Weise. Er brachte mich wieder ans Lesen und Schreiben. Ich ihn zu Vocal Jazz und Bossa Nova. Frank schenkte mir meinen ersten Plattenspieler, den wir schnell wieder verkauften, da wir schon bald zusammenzogen. Heute leben wir mit zwei Katzen, hunderten von Schallplatten und noch mehr Büchern in unserer geliebten Kölner Wohnung. Er schätzt und fördert meine musikalische und schriftstellerische Seite, nimmt mich als Gesangsbegleitung mit zu seinen Lesungen. Wir erarbeiten gemeinsam, welche Stücke gut zu seinen Büchern und Erzählungen passen. Eine dieser Lesungen fand in der Abtei Münsterschwarzach statt. Und beim Abendessen saß ich neben dem Abt. Ein unerwartetes »Dinner mit dem Abt«. Und nur wegen dieses Abends (und allem, was ihm vorangegangen war), lesen Sie diese Zeilen.

Ich war damals bei D. zu Besuch, weil ich in eine Depression hineingeschlittert war. Ich suchte nach einer Zuflucht, weil ich allein nicht mehr zurechtkam.

Diese Zuflucht fand ich in seinem Seminarhaus. Ohne unsere Gespräche mit dem Kruzifix auf dem Tisch, die Worte über den Glauben, über Nächstenliebe und Klarheit im eigenen Geist, hätte D. mir vielleicht nie Franks Bücher empfohlen – und ich nie meine große Liebe kennengelernt. Unser gemeinsames Leben hätte es womöglich nie gegeben. Wie könnte ich da nicht an Fügung und eine höhere Macht glauben?

7

Kirche – ja, bitte!

In der Presse überschlagen sich nach wie vor die Berichte über Missbrauch, Vertuschungen und der Rückgratlosigkeit in der Kirche. Viele in meiner Heimatstadt (und darüber hinaus) fordern, Kardinal Woelki abzusetzen. Das Entsetzen über die Vorwürfe ihm gegenüber ist zurecht groß. Die Menschen vergessen nicht und ziehen daraus ihre Konsequenzen – so viele Kirchenaustritte wie nie zuvor.

In Köln kann man zudem den Protest empörter Menschen häufig ganz konkret erfahren. Anlässlich des Weltjugendtages stand eine Kunstinstallation vor dem Kölner Dom, die mahnend daran erinnerte, was Amtsträger der katholischen Kirche zu vertuschen versuchen. *Shattered Souls ... in a Sea of Silence* zeigte 333 kindesgroße Schaufensterfiguren, mit Plastikband in den Farben der Unschuld (weiß) und der Kurie (lila) eingewickelt. Sie standen da, das Gesicht zur Kirche gewandt, die rechte Hand ausgestreckt, alle 333 Figuren zeigten auf den Kölner Dom und klagten stumm an. Auf der Infotafel stand: »Sie tragen die gleichen Gewänder wie ihre Brüder im Glauben, haben dieselbe Heilige Schrift studiert und demselben Gott ewige Treue gelobt. Doch ihre Hände erteilten keinen Segen, und ihre Worte spenden keinen Trost. Sie sind das Böse, das im Hause des Herren sein Unwesen treibt, das Menschen quält und Gott verhöhnt, indem es seine Gebote missachtet. (…)«

Menschen liefen herum, zwischen den Figuren her, blieben in Ehrfurcht stehen, lauschten der stillen Anklage. Kinder legten den Puppen den Arm um, als stünden sie einem Freund bei. Manche Touristen kamen lachend um die Ecke gelaufen, machten Selfies mit dem Dom im Hintergrund. Doch schon der erste Blick auf die Installation warf Fragen auf. Es wurde unsicher gekichert, bis die Infotafel ins Blickfeld rückte. Wieder verstummen, dastehen. Die Installation resonierte mit vielen.

Früher hätte ich es der Kirche gegönnt, öffentlich angeklagt zu werden. Hoffentlich tut das richtig weh!, wäre mein Gedanke dabei gewesen. Auch die vielen Kirchenaustritte hätte ich mit Wohlgefallen verfolgt. Habe ich auch eine Zeitlang. Soll diese menschenverachtende Institution doch mal sehen, wo sie bleibt! Heute hat sich das geändert. Jetzt ertappe ich mich selbst dabei, wie ich eine Lanze für die Kirche breche, wenn andere uninformiert und einseitig über sie schimpfen, so wie ich es früher getan habe. Ja, ich hoffe, dass alle Täter zur Rechenschaft gezogen werden. Und ich hoffe, dass die Kirche noch aktiver darin wird, die Vorwürfe aufzuklären, und ihren Versprechen Taten folgen lässt. Ich hoffe auf wichtige Reformen und offenen Dialog. Ein paar finanzielle Zuwendungen reichen nicht. Wahrscheinlich werden die Missbrauchsopfer auf ewig mit ihrem Trauma zu kämpfen haben. Es ist unerträglich für sie, wenn die Täter einfach so weitermachen wie zuvor, versetzt werden, als sei das Strafe genug. Dennoch stehe ich der Kirche als Institution nicht mehr per se missgünstig gegenüber. Ich habe Menschen kennengelernt, die nicht nur Gutes im Rahmen der Kirche und ihres Glaubens tun, sondern die auch öffentlich bei ihren Predigten die Taten der Kleriker anklagen, die dazu aufrufen, gemeinsam als Bollwerk gegen das Böse aus den eigenen Reihen anzutreten. Im September 2023 segneten katholische Priester homosexuelle Paare auf der Domplatte – als Protest gegen die Abmahnung eines Pfarrers aus Mettmann, der ein schwules Paar gesegnet hatte. So funktioniert Ungehorsam von innen!

In der evangelischen Zeitschrift »Chrismon« las ich einmal ein Interview mit zwei Gläubigen – der eine aus der Kirche ausgetreten, die andere weiterhin Mitglied. Der eine begründete seinen Austritt aus der Kirche damit, nicht länger guten Gewissens mit seiner Kirchensteuer auch die Gehälter derer mitzubezahlen, die wegen Missbrauchs an Kindern angeklagt wurden. Er könne keine Institution unterstützen, die so handele wie die katholische Kirche. Ihm gegenüber stand eine Christin, die darlegte, warum sie bleibe, und sagte in etwa: »Wenn ich austrete, habe ich keine Chance mehr, wirklich etwas in der Kirche zu verändern. Von außen kann ich nur schimpfen, von innen kann ich gemeinsam mit meinen Schwestern und Brüdern antreten, um die Veränderungen in der Kirche herbeizuführen, die ich mir selbst wünsche.«

Das leuchtete mir ein. Von außen war es auch für mich immer leicht, zu meckern und zu sagen, was gefälligst alles anders gemacht werden sollte. So tat ich nicht mehr als das: meckern. Es hat eine Weile gedauert, bis ich verstanden habe, dass nicht alle Menschen, die in der Kirche bleiben oder sogar dort arbeiten, die Missetaten vieler Kleriker gutheißen. Die meisten verurteilen sie ebenso wie ich. Aber sie wussten: Wenn sie wirklich etwas bewegen wollen, geht das nur von innen. Der Benediktinermönch Anselm Grün schreibt in seinem Buch »Warum ich in der Kirche bleibe«, dass er trotz allem Versagen der Kirche Vertrauen hat: »Mitten in dieser Zeit der Krise gibt es in unserem Land Vorbilder des Glaubens, die mich überzeugen. (…) Ich schaue auf die vielen engagierten Mitarbeiter und Mitarbeiterinnen in den kirchlichen Diensten, die den Menschen in einer immer kälter werdenden Gesellschaft die wärmende Liebe Jesu vermitteln.«

In meiner Wut über die Missetaten der Institution Kirche, von denen ich in den Nachrichten, in Fernsehsendungen und Podcasts hörte, sparte ich aus, dass auch Christen und Mitarbeiter der Kirche, Menschen aus den eigenen Reihen dabei helfen, die Welt besser zu machen – und *Rechtsbruch zu Rechtsspruch* zu machen. Es gibt so viele ehrliche und hilfsbereite Christen da draußen, für die das Wort »Nächstenliebe« keine Floskel, sondern Lebensgrundsatz bedeutet.

So auch die Akteure von »Out in Church«. Da ich mich zu der Zeit, als die Kampagne lief, noch nicht viel mit der Kirche auseinandersetzte, erfuhr ich erst durch meinen Vater von dem Film, da er dabei für den Schnitt verantwortlich war und er somit an einem Projekt arbeitete, das ihn zutiefst bewegte. Im Januar 2022 zeigte die ARD die Dokumentation »Wie Gott uns schuf« und brachte damit einen Stein ins Rollen, der nicht mehr zu bremsen ist. In dem Film wagen einhundert homosexuelle Menschen ihr Coming-out. Das Besondere daran: Alle stehen im Dienst der katholischen Kirche. Priester, Kindergärtner:innen, Ordensbrüder und -schwestern, Pastoralreferent:innen und Lehrer:innen wurden von einem Fernsehteam interviewt. Zehn Jahre lang hat der Filmemacher und Journalist Haio Seppelt für den Film recherchiert. Manche der Akteure im Film blieben lieber anonym. Viele andere erzählten offen von ihrem Alltag und von den

Gängeleien durch ihren Arbeitgeber, wenn herauskam, dass sie homosexuell sind. Kündigungsdrohungen oder gar der Rausschmiss waren für manchen Mitarbeiter der Kirche die Folge – ganz gleich, in welcher Funktion er oder sie dort tätig war. Anfragen der Redaktion an die zuständigen Bischöfe blieben größtenteils unbeantwortet. Der Film zeigt eindrucksvoll, wie sehr sich die Kirche entgegengesetzt zu ihren eigenen Werten verhält. Da sitzt ein Pfarrer, der sein Leben lang seiner Kirche gedient hat, und weint vor laufender Kamera, weil er Angst davor hat, wie sein Outing vor seiner Gemeinde und seinem Arbeitgeber angenommen werden wird. Er befürchtet, dann seinen Beruf, seine Berufung nicht weiter ausüben zu dürfen. Oder eine Kindergärtnerin, die mit ihrer Partnerin zusammenlebt und mit ihr ein Kind bekommen möchte. Man habe ihr nahegelegt, sich zumindest zum Schein und auf dem Trauschein einen Mann zuzulegen, damit man nicht merke, welche Art Leben sie führe. Ihr Arbeitgeber riet ihr also, das heilige Sakrament der Ehe nur zum Schein einzugehen, damit sie nicht offen als lesbische Frau lebt. Man drohte ihr mit der Kündigung, würde sie offen mit ihrer Partnerin ein Kind bekommen. Diese Menschen sind gläubig, sie sind nicht nur Mitarbeiter der Kirche, sondern vertreten ihren Glauben an Gott vor Gemeinden, Familien, Mitmenschen. Aber sie müssen um ihre Arbeit bangen, da sie jemanden lieben, der vom gleichen Geschlecht ist. Wo bleibt da die Nächstenliebe? Jesus hat doch auch nicht verurteilt oder ausgegrenzt. Selektiv zu vergessen, was Jesus predigte, um das eigene Weltbild zu stärken – das kann kein wahres Christentum sein.

Als Kölnerin war Homosexualität für mich immer etwas völlig Normales. Schwule und lesbische Menschen waren Freunde und Arbeitskollegen meiner Eltern, Lehrer, Mitmenschen. Als Studentin feierte ich auf der Schaafenstraße, einem Szeneort mitten in der Stadt, an dem sich queerer Club neben queerem Club reiht. Nie habe ich die Daseinsberechtigung queerer Menschen und Paare infrage gestellt. Es hätte für mich keinen Sinn ergeben, Menschen für ihre sexuelle Orientierung zu verurteilen. Heute fühlt es sich für mich an wie eine verkehrte Welt, dass wir überhaupt offen darüber diskutieren, ob gleichgeschlechtliche Liebe in Ordnung ist oder nicht. *Love is love* heißt es. Und das gilt für alle. Wer sich mit der Kirche im Rücken erlaubt, darüber zu urteilen, Homosexualität sogar verhöhnt und verbieten will, hat Jesus nicht verstanden. Nächstenliebe gilt nicht nur für Menschen, die so leben wie man selbst. Sie gilt für alle.

Seit die Dokumentation »Wie Gott uns schuf« gesendet wurde, hat sich einiges getan. Wir sprechen heute offener über Homosexualität in der Kirche. Die »Queere Kirche Köln« beispielsweise setzt sich dafür ein, dass jeder als ein Kind Gottes betrachtet wird – völlig egal, ob homosexuell oder nicht. Sie veranstaltet queere Gottesdienste mit singenden Drag-Queens, Partys, Abendessen und weitere Events für alle Gemeindemitglieder, ob queer oder »Ally«. Der Begriff »Ally« kommt aus dem Englischen und bedeutet so viel wie »Verbündete:r«. Als Ally bin ich also Verbündete meiner schwulen und lesbischen Schwestern und Brüder, und ich werde mich weiterhin dafür einsetzen, dass wir alle vor Gott und den Menschen gleich und einig sind – völlig egal, wie und wen wir lieben.

8

Schnupperkurs Glauben

Ein paar Monate nach unserem Kennenlernen machten Frank und ich einen unschuldigen, samstäglichen Sommerspaziergang durch mein damaliges Wohnviertel in Köln. An der Agneskirche blieben wir stehen, Frank wollte hineingehen. Für mich war diese Kirche immer nur ein Gebäude, das den Platz mit dem Eiscafé so schön umrahmte. Ein Gebäude mit hohen Mauern und einer schweren Tür, das man zwar ansehen, aber sicher nicht betreten sollte. Und dann stand Frank da, lächelte mich an und fragte, ob wir mal reingehen können. Es war Hochsommer, ich trug einen langen, roten Sommerrock und ein knappes, schwarzes Oberteil. Erstens fand ich mich nicht angemessen gekleidet. Sandalen hatte ich auch noch an. So konnte man doch nicht einfach in eine Kirche reinspazieren! Und außerdem konnte ich mit Kirchen nichts anfangen. Was sollte ich da drin? Und – kann man da überhaupt einfach reinmarschieren? Was, wenn da gerade eine Messe stattfindet? Schließlich ließ ich mich überzeugen und ging zaghaft hinter Frank durch die großen Türen. Während er direkt nach vorne strebte, um sich den Altar genauer anzusehen, blieb ich im hinteren Teil direkt hinter der Eingangstür stehen und traute mich keinen Schritt weiter vor. Ich hielt Sicherheitsabstand vom Weihwasser und von den Kirchenbänken, vom Kruzifix und eigentlich allem Gegenständlichen in meiner Nähe. Frank bemerkte erst nach ein paar Metern, dass ich nicht mehr hinter ihm war, und forderte mich irritiert auf, näherzukommen. Ich schüttelte nur angespannt den Kopf und ging wieder nach draußen. Als die heiße Sommersonne mir ins Gesicht schien, ging es mir sofort besser. Frank erzählte ich, dass ich mich in Kirchen nicht wohlfühle. »Ich glaube halt nicht an Gott oder sowas«, sagte ich. Er nahm das erstmal so zur Kenntnis und fragte mich, ob wir ein Eis essen gehen sollen.

Meinen kleinen Eisbecher verzehrte ich im Schatten eben der Kirchenmauer, die den Raum schützte, aus dem ich beinahe geflohen war. Ich saß in meinem roten Rock auf zwei Stufen, die zu einem Seiteneingang der Kirche führten, und genoss mein Zitroneneis, als wäre nichts gewesen. In diesem Moment entstand eines der ersten Fotos, die Frank von mir gemacht hat: Ich strahle ihn glücklich an, die Sonnenbrille auf dem Kopf, den Eisbecher in der einen und den gelben Plastiklöffel in der anderen Hand. Man sieht es mir nicht an, dass ich mich in der Kirche so unwohl gefühlt hatte. Das Foto hängt bei Frank im Büro. Immer, wenn ich es betrachte, muss ich schmunzeln. Schließlich gehe ich heute freiwillig – sogar allein – in Kirchen hinein. Mein Gefühl, wenn ich heute ein Gotteshaus betrete, ist das komplette Gegenteil von damals in der Agneskirche. Früher spürte ich Angst, Unbehagen, Missgunst. Heute schaue ich ehrfürchtig zur Decke, schreite langsam an den Kirchenbänken vorbei, atme die Ruhe ein, bin dankbar für dieses Haus, das mir Schutz bietet – von innen und außen.

Da in meiner Kindheit Religion kaum eine Rolle spielte, trieb ich mich nicht oft in Gotteshäusern herum. Ich erinnere mich noch an die Beerdigung meiner Oma, die in einer Friedhofskapelle stattfand, nicht in einer Kirche. Dort war ich zu beschäftigt damit, die Hände meiner beiden kleinen Brüder zu halten, die links und rechts von mir saßen und bitterlich weinten.

Und dann saß ich unerwartet mit Anfang zwanzig in einer großen katholischen Kirche. Es war Heiligabend, Christmette. Neben mir nicht meine Familie, sondern die meines damaligen Freundes. Da meine Eltern schon lange geschieden waren und es auf allen Seiten Stiefeltern und Halbgeschwister gab, verstreute Familienangehörige und keine engen Bande, gab es nach dem Tod meiner Oma auch kein großes gemeinsames Familienweihnachtsfest mehr. Irgendwie haben sich zwar eine Zeitlang ein paar von uns zusammengerauft, aber mit allen zusammenkommen, war vorbei. Ich feierte meist mit meiner Mutter und ihrem Mann, meine Brüder kamen auch dazu. Da wir es als Nichtchristen mit den heiligen Feiertagen aber nicht so genau nahmen, fanden diese Feiern als »Vorweihnachten« eine Woche vor Heiligabend statt, damit meine Brüder an Heiligabend zu Hause bei meinem Stiefvater sein konnten.

Doch an diesem Weihnachten hatte es überhaupt keine Pläne gegeben. Also beschloss ich, Weihnachten bei meinem Freund und seiner Familie in einer Kleinstadt irgendwo in Baden-Württemberg zu verbringen. Das erste Mal feierte ich Heiligabend nicht im Kreis meiner Familie. Und das erste Mal feierte ich das Fest in einer Kirche. Die Eltern meines Freundes waren vietnamesische Katholiken. Ihre Religiosität hat mich damals sehr irritiert. Sie bekreuzigten sich vor dem Essen, im ganzen Haus gab es glitzernde, kitschige Glasaltäre mit Marienfiguren und Delfinen, Kreuze aus funkelndem Kristallglas und mit Strasssteinchen, dahinter die perlmuttschimmernde Tapete. Das war so ganz anders als der serbisch-orthodoxe düstere Jesuskitsch meiner Oma. Dieser hier war licht und hell – und dennoch befremdlich. Da die Eltern meines Freundes kaum Deutsch sprachen und ich von alledem eher eingeschüchtert war, redete ich weder mit meinem Freund noch mit seinen Eltern über das Thema Religion. Aber ich wollte höflich sein, guten Willen zeigen. Und deshalb saß ich schließlich mit allen zusammen an Heiligabend in der Kirche. Als sich die meisten niederknieten und vor sich hin murmelten, nicht würdig zu sein, fühlte ich mich wieder einmal darin bestätigt, was mich an der ganzen Kirchennummer so abstieß: Wieso sollte ich an einem Festtag, den ich sonst mit meiner Familie und Frank Sinatras Weihnachtsplatte unter dem leuchtenden Weihnachtsbaum verbrachte, einem Tag, der sich immer so warm und liebevoll um mich gewickelt hatte wie ein übergroßer Wollpulli, jetzt hier in der Kälte niederknien und irgendeiner höheren Macht sagen, dass ich ihrer nicht würdig bin? Warum sollte ich mich klein fühlen, wenn ich mich auch geborgen und aufgehoben fühlen konnte?

Ich war beruhigt, als auch andere um mich herum sitzenblieben. Was hätte ich auch sonst tun sollen? Ich kannte die Gebete nicht, die Lieder waren mir fremd. Dennoch lauschte ich der Predigt – und musste schmunzeln. Der Pfarrer war ein gutaussehender Mann, der so ähnlich predigte, wie ich es in manchen amerikanischen Filmen schon mal gesehen hatte. Kein Pfarrer, ein *Preacher*. Einer, der den Gospel in sich hat. Einer mit göttlicher Entschlossenheit und Lebensmut. Ich mochte den Mann, wenn ich auch inhaltlich kaum verstand, was er sagte. Das lag aber mehr an meiner inneren Abwehr als an seiner Predigt. Jedoch blieb mir die Energie, das Charisma und die Stimme dieses Mannes in Erinnerung. Es wirkte, als wolle er all die »Unwürdigen« anfeuern, ihr Bestes in dieser Welt zu geben.

Aber ich schien mit meiner Begeisterung allein zu sein. Die Familie meines Freundes schüttelte irritiert den Kopf. Sie missbilligten die weltliche Art des Pfarrers, die Messe sei nicht andächtig genug gewesen, übersetzte mir mein Freund später. Dabei war es gerade das, was mich als überzeugte Atheistin beeindruckt hatte. Ich erinnere mich nicht mehr an die Worte, aber ich erinnere mich noch an das Gefühl, das dieser Mann in mir ausgelöst hat: »Sprich nur ein Wort, so wird meine Seele gesund.«

Zwischen dieser Erfahrung an Heiligabend und der Flucht aus der Agneskirche gab es einige Jahre keine Kirchengänge mehr für mich – bis Frank und ich Urlaub in Bozen machten. Ich liebte diese Stadt, das Wetter, das Grün, die Kultur, das Essen, unser Hotel, einfach alles. Es war ein lang ersehnter Kurzurlaub, einfach mal nach Pandemie und Zurückhaltung raus in eine schicke kleine Stadt, schön aussehen, sich ordentlich kleiden, bestens essen, guten Wein genießen, *la dolce vita*! Aber ich hatte keine Ahnung, dass mitten in Bozen eine bedeutende Kirche steht, die eine lange Geschichte hat. 1180 errichtet und umgeben von einem weitläufigen Platz, der mit bunten Blumenbeeten und Straßenmusikern gesäumt dalag, ragte der Dom Maria Himmelfahrt auf. Die Sonne brannte hinunter auf den Platz und brachte das buntglasierte, geziegelte Dach zum Leuchten. Wir liefen um die ganze Kirche herum, suchten immer wieder unter ein paar Bäumen Schutz vor der Hitze. Ich war beeindruckt von den verwitterten Fresken an den Außenwänden, von der handwerklichen Schönheit, die die Steinmetze und Maler für dieses Gebäude im romanischen Stil erschaffen hatten. Und ich befürchtete schon, dass ich nicht drum herumkommen würde: Wir mussten hinein in diese besondere Kirche.

Dieses Mal sah ich das Ganze aber eher wie einen Gang ins Museum. Der Ort war sehr touristisch geprägt. Vor uns eine chinesische Reisegruppe mit Selfie-Sticks, hier waren alle nur zum Bestaunen, es gab gerade keine Andacht, keine intime Gebetssituation. Kaum im Gebäude, war ich zutiefst ergriffen von der Schönheit, die von der opulenten Gestaltung ausging. Während Frank vorausging und sich Gedenk- und Infotafeln durchlas, schaute ich mir jeden Gegenstand genau an. Gold, Verzierungen, Reliquien in aufwendig gestalteten und gegossenen Phiolen. Doch als ich so im Kirchenschiff umherlief, überkam mich plötzlich ein merkwürdig kaltes Gefühl. Mir wurde ganz beklommen zumute. Ich hatte meine Erfahrungen mit Panikattacken und dachte, das wäre eine. Das letzte Mal war mir das passiert, als ich in der völlig überfüllten Sixtinischen Kapelle stand. Sollte das hier ein ähnlicher Moment sein? Als ich aber in mich hineinhorchte, war da etwas anderes. Das war keine Panikattacke. Ich wollte abtun, was ich fühlte, nämlich unglaubliche Trauer und Furcht, die mich beinahe übermannten. Als mir die Tränen in die Augen schossen, war ich endgültig verwirrt. Was passierte hier? Ich fand mich selbst albern, beinahe esoterisch, als ich den schnellen Gang aus der Kirche antrat und später Frank davon erzählte. Er wusste nicht so recht, was er mit dem anfangen sollte, was ich sagte. Und ich wusste es selbst nicht. Aber ich glaube, dass mir diese Kirche solche Ehrfurcht einflößte, dass mein Geist damit nicht zurechtkam. Es waren nicht die Reliquien, nicht der Schmuck oder die Opulenz allein. Es waren auch nicht die Infotafeln, auf denen die Geschichten heldenhafter Geistlicher erzählt wurden, die den Nazis die Stirn geboten und dafür mit dem Leben bezahlt hatten. Es war all das zusammen. Ich war überwältigt und fand meine Reaktion darauf viel zu dramatisch. Schließlich war ich Kölnerin. Durch den Dom waren mir opulente Kirchen nicht unbekannt, aber diese hatte irgendetwas Besonderes in mir angestoßen. Ich wurde Zeuge dessen, was dieser Innenraum bedeutete, was er vermitteln sollte, wenn man sich ihm ganz hingab: pure Ehrfurcht.

Eine befreundete Kunsthistorikerin erzählte mir einmal von der Überforderung durch Kunst. Menschen können vor Bildern oder Skulpturen stehen und in Tränen ausbrechen, völlig übermannt von ihren Gefühlen. Eine solche Überlastung kann durch Kunstwerke entstehen, die so bedeutsam sind, so bildstark, dass das ungeschulte (und auch so manches geschulte) Auge erst einmal mit dem Anblick zurechtkommen muss. Ich glaube, das war damals passiert. Diese Kirche hatte mich im wahrsten Sinne des Wortes umgehauen. Man spricht vom Stendhal-Syndrom, wenn es um Reizüberflutung in der Kunst geht. Zwar bezieht sich das vor allem auf die Kunst in Rom, aber ich habe im Dom Maria Himmelfahrt in Bozen ganz Ähnliches gespürt wie damals in der Sixtinischen Kapelle. Es scheint also etwas dran zu sein an der Überforderung durch Bedeutsames.

Dieser überraschende Kirchenbesuch machte mich trotz aller Überforderung immer neugieriger. Zum Beispiel führt mich mein täglicher Spaziergang vor der Arbeit zur Kirche St. Michael am Brüsseler Platz in Köln. Jeden Morgen laufe ich zwanzig Minuten dorthin, umrunde langsam die Kirche, schaue zu ihr hinauf, setze mich kurz auf eine Bank und verweile. Dann setze ich meinen Weg fort und gehe zurück nach Hause. Schon seit einer Weile mache ich das so, ich kenne die Kirche von außen, von innen habe ich sie aber noch nie gesehen. Vor der Arbeit ist mir nicht danach, die Uhr tickt, bis ich im ersten Meeting sitzen muss. Ich habe es aber schon mehrfach zu anderen Uhrzeiten versucht und stand immer vor verschlossenen Türen. Es fehlt an Ehrenamtlichen, die mithelfen, die Kirche den ganzen Tag offen zu halten. Draußen hängen lange Banner an beiden Seiten der Kirchentürme hinunter. Sie verheißen eine neue Kirche, eine, die für alle da ist. Der Schriftzug auf den Bannern lautet: »Stell dir vor, die Kirche macht auf.«

Bei der Recherche fiel mir auf, wie modern die Gemeinde rund um die Kirche St. Michael am Brüsseler Platz eigentlich ist. Der Platz selbst ist berühmtberüchtigt für seine vielen Nachtschwärmer, die sich dort niederlassen, Bier trinken und feiern. Jeden Abend beschallt von hunderten von Menschen – vor allem im Sommer –, wird das Treiben auf dem Platz von den ansässigen Nachbarn stark kritisiert. Es ist laut und dreckig. Viele Nachbarschaftsinitiativen wirken mit Sozialarbeitern, mehr Mülleimern und Pfandkisten dagegen. Der Brüsseler Platz bleibt ein beliebter Treffpunkt im Kölner Belgischen Viertel. Hier wird unter den Bäumen getrunken, gegessen, gefeiert, geflirtet. Es wird Musik gemacht, gelacht und geraucht. Hier ist das blühende Leben. Und inmitten dieses blühenden Lebens steht diese Kirche und bemüht sich darum, dass die Menschen nicht nur vor ihr und auf den Treppen sitzen, sondern eintreten. Zwar scheint es nicht so leicht, die Kirche tagsüber ohne Veranstaltungen offenzuhalten, aber man bemüht sich: Es gibt Konzerte, Lesungen, öffentliche Chorproben. Aber das scheint die Menschen nicht sonderlich zu interessieren. Die katholische Kirche St. Michael hat genauso Mitgliederschwund wie die anderen Gemeinden; scheinbar ist es völlig egal, wie sehr man sich bemüht. Der Vorgarten der Kirche bleibt Szenetreffpunkt, nicht Raum zum Beten. Dabei ist auch hier deutlich erkennbar, wie Städte früher gebaut wurden: Die Kirche bildet den Mittelpunkt, vom Vorplatz gehen alle Straßen ab beziehungsweise führen dorthin. Die Kirche thront inmitten des Brüsseler Platzes, spendet den Menschen mit ihren hohen Türmen Schatten und bewacht das Viertel. Mir gibt sie ein eigenartiges Gefühl der Ruhe, wenn ich sie jeden Morgen sehe. Für mich ist sie nicht unsichtbar.

Ich konnte in den letzten Monaten immer wieder neue Kirchen kennenlernen und bekam zu manchen sogar einen persönlichen Bezug. So geschehen in der jesuitischen Kunststation St. Peter in Köln. Frank wollte mir die Kirche von innen zeigen, da er selbst von einem der Kuratoren herumgeführt worden war. Frank kam so erfüllt und begeistert nach Hause, erzählte von dem riesigen Rubensgemälde, das in der Kirche hängt, und von dem zweiten Altar, einer Kreuzskulptur des Künstlers Eduardo Chillida, die selbst den Papst erzürnt hatte. Er wollte mir die Kirche unbedingt zeigen – ich war einverstanden. Wir gingen sonntags hin und landeten versehentlich mitten im unüblich späten Gottesdienst. Frank vermutete, dass ich wie so oft wieder die Flucht ergreifen wollte, aber dieses Mal bat ich ihn zu bleiben. Zwar setzten wir uns weit weg vom Altar, aber wir lauschten gespannt den Worten des Pfarrers. Ich nahm den Geruch des Weihrauchs wahr, betrachtete das Kirchenschiff und musste über die beiden Engelfiguren schmunzeln, die direkt über uns aus dem Mauerwerk hinunterlugten. Hätten sie gesprochen, hätten sie mit ihrem verschmitzten Lächeln zu mir gesagt: »Guck? Ist doch gar nicht so schlimm hier.« Ich hörte, wie der Pfarrer über Hoffnung sprach, und verstand ihn sogar. Dieses Mal war ich offen für seine Worte. Es waren keine Bibelfloskeln, mit denen ich als Laie nichts anfangen konnte. Er sprach vom herausfordernden Alltag, vom russischen Angriff auf die Ukraine, davon, wie schwer es sei, in solchen Zeiten zu hoffen. Ich fühlte mich so verstanden und dachte: »Der Mann spricht aus, was ich denke, was ich fühle.« Kein moralinsaures Gerede, keine Schuldzuweisungen an mich »Sünder«. Stattdessen räumte er ein, dass Hoffnung schwer sein kann. Und er forderte uns auf, sie wiederzufinden, sie zu suchen, dort, wo wir wirken können. In Gemeinschaft. Im Miteinander. In der Nächstenliebe. Das Ganze wurde untermalt von interessanten Klängen der Kirchenorgel. Und mit »interessant« meine ich disharmonisch und hochgradig irritierend. Ich lernte später, dass diese Musik ein Markenzeichen der Gottesdienste von St. Peter ist. Eine avantgardistische Orgel mit Klackergeräuschen, dachte ich. Oder wie es St. Peter selbst treffend formuliert: »Die Orgel lässt sich keinem Stil zuordnen, keiner historischen Tradition. Sie ist ein Instrument, das von einem Visionär entworfen wurde, der keiner Schule angehört und der dazu berufen ist, den Komponisten neue Horizonte aufzutun. Kurz gesagt: Es ist eine zeitgenössische Orgel.«

Der Organist saß gleich neben der Gemeinde und steuerte die Orgel und die etwas schrägen Töne in völliger Konzentration, ja fast Trance von dort aus. Diese unüblichen Laute in Verbindung mit den Worten des Pfarrers, den Ritualen, dem Weihrauch, all das zog mich in den Bann. Ich war fasziniert, gerührt, überwältigt.

In der Mitte des Raumes stand eine große Kunstinstallation, denn Kunst (vor allem queere Kunst) ist ein Markenzeichen der Kirche. Deshalb wurde diese Installation auch in den Gottesdienst eingebaut. Ein großer, weiß leuchtender Kubus, in dem 2464 kleine Spieluhren eingefasst waren. Der Pfarrer sagte in seiner Predigt in etwa, dass wir alle mit unserer eigenen

Melodie durchs Leben gehen. Manchmal passen die Töne zusammen, manchmal erzeugen sie Disharmonie. Beides darf sein. Zugleich. Um das darzustellen, sollte jeder beim Verlassen des Raumes nach der Eucharistiefeier eine oder mehrere der Spieluhren aufdrehen. Es entstand ein unglaublicher Klangteppich, der den ganzen Raum erfüllte und den Menschen ein verzücktes Lächeln entlockte. Auch ich drehte eine Spieluhr auf. Schüchtern, zurückhaltend konnte ich mich dem Gedanken immer noch nicht entziehen, ob ich als Ungetaufte überhaupt hier sein durfte. Einen Moment lang lauschten Frank und ich noch dem herausfordernden Klangteppich, bis wir wieder aus der Kirche hinaus in die Sonne traten. Es brauchte einen Moment, bis wir beide unsere Worte wiederfanden. Frank grinste und ich wusste, was er dachte: Ich hätte auch nicht gedacht, dass ich zum Gottesdienst bleiben wollen würde. Aber mir hat es gut gefallen.

»Machen wir das bald nochmal?«, fragte ich. Frank lachte. »Dass du mich das mal fragen würdest! Natürlich machen wir das nochmal.« Und er sollte Recht behalten. Natürlich war nicht jeder Gottesdienst wie dieser. Die mystische Stimmung, die durch die Kunstinstallation und das ganze Drumherum erzeugt wurde, war etwas Besonderes und wich vom »Standardgottesdienst« ab, aber wenn auch das Kirche sein konnte, war ich ihr gar nicht mehr so abgeneigt. Also setzten wir unsere Worte in die Tat um. Wir besuchten weitere, inspirierende und bewegende Gottesdienste in St. Peter, die zwar weniger aufwendig gestaltet waren, aber dennoch Eindruck hinterließen. Ich entdeckte, dass mich die Fähigkeit der Geistlichen faszinierte, in ihren Predigten Bibelverse auf den Alltag hin auszulegen. Und jedes Mal kam ich gefühlt »ein paar Zentimeter größer aus der Kirche heraus als ich hineinging«, wie Diakon Tobias Knöller einmal zu mir sagte. Zu ihm komme ich an späterer Stelle noch.

In Freundschaften ist mir kaum etwas so wichtig wie Verbindlichkeit. Ich bemühe mich um die Menschen, die ich gernhabe. Dazu gehört für mich auch, dass ich Verabredungen einhalte und nur absage, wenn es einen wirklich dringlichen Grund gibt. Dabei geht es nicht darum, wie viel Lust ich an dem Tag habe, es geht um den »Deal«, den ich mit der anderen Person gemacht habe. Ich möchte, dass sich mein Gegenüber respektiert fühlt, dass sie oder er um meine Wertschätzung weiß. Natürlich gibt es wichtige, echte Gründe, abzusagen. Aber die heute so oft propagierte *Selfcare* ist meiner Meinung nach keiner. In manchen Phasen geht es einem nicht gut, man ist überarbeitet, übernächtigt, überfordert. Eine Verabredung kommt einem da manchmal ungelegen. Dennoch bin ich schon immer enttäuscht gewesen, wenn die Absage dann erst am Tag der Verabredung hereinschneit. Aus Gründen der *Selfcare*. Man ist dann nicht einfach unhöflich, nein. Man achtet auf sich selbst. Ein Totschlagargument. Geht es denn nicht manchmal auch darum, aufeinander zu achten? Und ist es ein Hinderungsgrund, auf sich selbst zu achten, wenn man sich miteinander trifft? Für manche mag das hart klingen. Aber ich habe bei meiner Arbeit in der Persönlichkeitsentwicklungsbranche gesehen, wie oft sich Egozentrik hinter *Selfcare* versteckt. Ein Grund, warum ich diese nur bedingt als Entschuldigung annehmen kann. Nicht Absichtserklärungen, sondern Handlungen zählen. Deshalb bin ich immer wieder dankbar, Menschen um mich zu haben, die das ähnlich sehen und mich dementsprechend behandeln.

Einer dieser Menschen ist C. Wir kennen uns noch nicht lange, dennoch habe ich sie als einen dieser überaus verbindlichen Menschen wahrgenommen. Viermal im Jahr lädt sie zu kleinen, aber feinen Partys bei sich zu Hause ein. Kostüme und Kreativität sind stets erwünscht, sei es an Ostern, Halloween, am Geburtstag.

Ein weiterer Moment, bei dem ich das Gefühl hatte, dass Fügung im Spiel ist, ereignete sich auf C.s Pride-Party am Wochenende zur Feier des Christopher-Street-Days in Köln. Am Freitagabend sollten sich die

Gäste in ihrer eigenen Pride-Interpretation bei C. einfinden. Es sollte bunt, laut, lustig werden, schließlich feierte die queere Community schon seit Tagen im Rahmen des »Cologne Prides« die Liebe, die für jeden da ist: *Love is love for everyone!* Ich sagte sofort zu und freute mich auf den Abend – wäre nicht wenige Tage vorher der 60. Geburtstag meiner Mutter dazwischengekommen. Ursprünglich hatte meine Mutter gar nicht vor zu feiern. Doch dann der Anruf: »Nini, ich feiere doch. Und es kommen tatsächlich einige Leute, meine Familie, alte Freunde, deine Brüder ... Es wäre so schön, wenn du auch dabei wärst.« Ich überlegte fieberhaft. Das war der Abend der Pride-Party bei C., auf den ich mich nicht nur gefreut hatte, ich hatte auch früh zugesagt und wollte jetzt nicht drei Tage vorher absagen. C. kam zu jeder unserer Verabredungen, war stets verbindlich und wusste, wie wichtig auch mir Verbindlichkeit ist. Ich entschied mich schweren Herzens für »Wer zuerst kommt, mahlt zuerst« und entschuldigte mich bei meiner Mutter. Ich erklärte ihr, dass ich eine andere Einladung hatte, und das schon sehr lange. Sie war einfach spät dran. Wohl fühlte ich mich nicht dabei, als sie bemüht gleichgültig abwinkte und betonte, dass sie das natürlich verstehe. »Es ist ja auch sehr spontan.« Ich wusste nicht, ob ich lieber Vorwürfe gehört hätte, aber so ist meine Ma nicht. Man hört es in ihrer Stimme, wenn sie enttäuscht ist, aber sie würde es mir nicht unter die Nase reiben. Ich fand noch ein paar liebe Worte und Wünsche für die kommende Geburtstagsparty und legte auf. Doch am Tag selbst wurde mir klar, dass ich niemanden enttäuschen wollte, weder C. noch meine Mutter. Und ich war gesund, jung, munter – wer hinderte mich also daran, einfach beide Partys zu feiern und meine Mutter zu überraschen? Alle Gegenargumente ließ ich nicht gelten:

»Aber die Fahrt zu meiner Mutter ist so lang.«
»Aber es ist doch schon so spät,
wenn ich bei C. ankomme.«
»Aber sie hat halt auch so spontan gefragt.«
»Aber ich bin dann bestimmt total müde.«

Ich dachte mir: Zwei Menschen, die ich liebhabe, haben mich eingeladen – und mein größtes Problem ist die einstündige Autofahrt? Niemals. Also tanzte ich auf zwei Hochzeiten. Beziehungsweise Partys. Zum Glück! Denn hätte ich C. abgesagt, wäre mir ein sehr wichtiges Ereignis in meinem Leben entgangen. Und hätte ich meiner Mutter abgesagt, wäre es vielleicht nicht zu diesem Moment im Gespräch zwischen C. und mir gekommen.

Da meine Mutter eine Stunde von Köln entfernt wohnt, hatte ich zwei Stunden Fahrtweg, der sich aber doppelt und dreifach gelohnt hat. Sie freute sich sehr, dass ich sie überraschte und doch gekommen war. Ich traf meinen Opa und seine Lebensgefährtin, meinen Onkel und seine Frau, alte Freunde meiner Mutter, die ich lange nicht gesehen hatte, und meine Brüder. Ich trank ein paar Limos, ließ meinen Blick über die fröhliche sommerliche Gartenparty schweifen und war sehr froh, doch noch hergekommen zu sein. C. schrieb ich, dass ich später kommen würde, und um 23 Uhr setzte ich mich wieder ins Auto. Um Mitternacht fand ich sogar vor ihrer Tür einen Parkplatz. Die Party war mittlerweile überschaubar geworden, die Gastgeberin bestens gelaunt. Sie umarmte mich fest, als ich kam. Und das, obwohl wir uns noch nicht gut kannten. Die Party war zwar in den letzten Zügen, aber ich war da. Ich brach mein Versprechen nicht. Und so setzten wir uns auf die Couch und unterhielten uns. Über den Christopher-Street-Day, über die Pride-Parade am Sonntag – und über unseren Glauben.

Die bunte Discobeleuchtung in dem kleinen Zimmer flimmerte über die Kinoposter und künstlerischen Selbstportraits von C., die ihr Geld als Fotografin und Dozentin für Fotografie an einer Privatuniversität verdient. Sie erzählte mir, dass sie am Sonntag für die queere Kirche bei der großen Pride-Parade mitlaufe, dass sie evangelisch sei und auch seit ein paar Monaten wieder zum Gottesdienst ginge. Wir hatten nie über das Thema Religion gesprochen, ich war überrascht, als sie mir erzählte, dass sie Gottesdienste besucht und dass eine Freundin von ihr angehende Pfarrerin sei. C. war für mich der Inbegriff einer jungen Künstlerin. Unglaublich kreativ, mit viel Output und einem tollen Gefühl für Fotografie und Kleidung. Ein buntes, Mitte zwanzigjähriges Einhorn mit platinblondem Pagenschnitt, einem kräftigen Lidstrich und mutigen 80er-Jahre-Kleidern. Nie hätte ich gedacht, dass sie religiös ist. Aber was hatte ich erwartet? Dass alle Kirchengänger graue Mäuse sind? Uralt und kurz vorm Sterben?

Als sie mir das Instagram-Profil der queeren Kirche zeigte, merkte ich, wie falsch ich (mal wieder) gelegen hatte: bunt, jung, agil, engagiert. »Es müssten noch Plätze frei sein. Schreib denen doch mal, wenn du mitkommen willst«, sagte C. Ich war unsicher, ob ich das konnte. Schließlich war ich weder queer noch getauft. Beides sei aber kein Problem, meinte sie. Als nicht queerer *Ally* könne ich sowieso mitlaufen. Und nach meinem Taufzertifikat würde niemand fragen. Also meldete ich mich an, um am Sonntag mit der queeren Kirche bei der Cologne-Pride-Parade mitzulaufen. C. lud mich ein, vorher noch zum Gottesdienst ihrer Vikarin-Freundin zu gehen, die ebenfalls mitkommen würde. Und so kam es, dass ich als ungetaufte, gerade noch überzeugte Nichtchristin bei der queeren Kirche mitlief – und eine Stunde vorher zu meinem ersten evangelischen Gottesdienst ging.

Es war wie die Szene aus einem Film: Ich war bereits in der Kirche für die CSD-Parade gekleidet. Man hatte darum gebeten, dass jeder Teilnehmende in schwarzer Kleidung zur Parade kommt, damit man die Regenbogenflaggen und bunten Accessoires besser sehen kann. Also saß ich im schwarzen Minikleid mit Regenbogenscherpe und Regenbogenband im Pferdeschwanz auf der Kirchenbank. Glitzer und Regenbogen-Tattoos im Gesicht, wild geschminkt. Frank saß neben mir, normal gekleidet, da es an dem Tag 37 Grad heiß war und er nach dem Gottesdienst wieder nach Hause gehen wollte. Wegen der Hitze waren nur sehr wenige Menschen im Gottesdienst. Diese Wenigen waren ebenfalls normal gekleidet und deutlich älter als ich. C. kam kurz vor Beginn: schwarzes, durchsichtiges Netz-Shirt mit schwarzem BH drunter, schwarzer Minirock mit Tüll und Lichterkette, pinke Haare. So saßen wir nebeneinander und lauschten andächtig dem Gottesdienst. Ich versuchte mich an den Kirchenliedern, und während ich in mich hineinmurmelte, sang C. laut mit. Ihre Freundin, die Vikarin, hielt eine Predigt, die ich so schön anders fand. Natürlich hatte ich noch nicht viele gehört, aber bei ihr wusste ich sofort, dass sie nicht nur die Älteren im Raum ansprach, sondern auch mich. Sie benutzte andere Wörter, redete nicht getragen daher, eher umgangssprachlich erzählte sie von einem Gespräch zwischen Jesus und seinen Jüngern aus dem Johannesevangelium. Sie schilderte die Situation, in der Jesus von seinen Jüngern als Sohn Gottes erkannt wird. Nathanael hatte jedoch so seine Zweifel. Doch im direkten Gespräch mit Jesus kann er diese Zweifel überwinden. Das Ganze erzählte sie wie ein Theaterstück, in mehreren Akten, und so verstand ich die Geschichte. Gemeinsam mit ihrem Bibelkreis hatte die Vikarin die Bibelstelle erarbeitet, angeschaut, hin- und hergedreht, interpretiert, Lücken und Unklares hinterfragt. Daraus wurde eine wunderbare Predigt, die mir zeigte, dass auch ich als Laie die Bibel verstehen und in meinem eigenen Leben anwenden kann.

Unterm Strich ging es der Vikarin womöglich um den Raum für Begegnung, um Offenheit Fremden und Veränderung gegenüber. Skepsis ist erlaubt und wichtig, doch die Anerkennung der Dinge, wie sie tatsächlich sind, muss unweigerlich folgen.

Gegen Ende des Gottesdienstes gingen alle zur Eucharistiefeier nach vorn, reihten sich im Kreis um den Altar auf und nahmen sich an den Händen. So standen ungefähr zwanzig Menschen und beteten zusammen. Frank (als Katholik) und ich (als Ungetaufte) sahen zu, wie C. in ihrem schwarzen Netz-Tüll-Outfit mit den pinken Haaren Teil dieses Kreises war – und nichts auf der Welt wirkte natürlicher. Es gab hier kein »Wir« und kein »Ihr«. Alle standen sie gemeinsam dort: groß, klein, alt, jung, brav gekleidet, im CSD-Outfit. Alle waren eins. Das rührte mich zutiefst. Ich sehnte mich nach dieser Art von Gemeinschaft, das spürte ich in diesem Moment sehr deutlich.

Nach dem Gottesdienst standen wir im Vorraum, tranken etwas, unterhielten uns, während wir auf die Vikarin warteten. Die älteren Gottesdienstteilnehmer kamen zu uns und wünschten uns viel Glück, Spaß und Erfolg bei der großen Parade später. Völlig ohne Sarkasmus wegen unseres Aufzugs, ohne Naserümpfen oder irgendwelche Ressentiments. Das überraschte mich. Die Vikarin Judith kam schließlich dazu. Der schwarze Talar war schwarzen Shorts, einem schwarzen Top, Zöpfen und einem Hut gewichen. Nun hatte auch die Vikarin Glitzer im Gesicht und war bereit, loszugehen. So konnten Kirchenmenschen also auch sein!

Wir machten einen kurzen Zwischenstopp mit Judith und C. bei uns zu Hause. Espresso mit Schuss und kurzes Schmusen mit den Katzen. Judith betrachtete neugierig unseren Hausaltar, der von unseren persönlichen Heiligen (Nick Cave, Bob Dylan, Marilyn Monroe, Teresa von Ávila und vielen weiteren) bewacht wurde.

Und dann ging es weiter nach Köln-Deutz zur großen Parade. Ich war gespannt, wie die Queere Kirche mich aufnehmen würde, schließlich kannte ich niemanden dort. Aber ich war guter Dinge – würden die anderen nur annähernd so offen, witzig, frech und herzlich wie Judith sein, konnte nichts schiefgehen.

Bei der Cologne Pride Parade für die Rechte homosexueller Menschen traten in diesem Jahr so viele Gruppen an wie noch nie. Beinahe dreihundert verschiedene Interessensvereinigungen liefen mit. Die Queere Kirche folgte im hinteren Drittel des Zuges, deshalb dauerte es länger, bis es losging. Ich wurde begrüßt, als würden mich alle längst kennen, bekam einen bunten, selbstgebastelten Heiligenschein und bot anderen dafür Regenbogenherz-Tattoos an. Die Hitze war extrem, 37 Grad und Sonnenschein. Und wir alle in Schwarz. Aber niemandem schien das wirklich etwas auszumachen. Die Stimmung war ausgelassen, während wir darauf warteten, loslaufen zu können. Ein Mann von der Queeren Kirche ging mit Regenbogenschirmen herum, die er uns gab, um uns vor der Sonne zu schützen. Ich wollte ihm Geld dafür geben, doch er lachte nur, als wäre das völlig absurd, und ging weiter. War das diese Nächstenliebe, von der immer alle sprechen?

Dann ging es endlich los. Ich lief hinter dem Auto der Queeren Kirche, aus dem laut »Sing Hallelujah« und weitere Pop-Hits schallten, und trotzte dem starken Wind, der uns auf der Deutzer Brücke überfiel. Wir waren ungefähr sechzig Menschen in unserer Gruppe und halfen uns gegenseitig, wenn ein Schild neu geklebt werden musste, Wasser benötigt wurde oder jemand eine kurze Pause brauchte. Ich trug ein Schild, auf dem ein Zitat aus dem neuen Testament stand: »All eure Dinge lasst in der Liebe geschehen (1 Korinther 16,14)«.

Wir tanzten, sangen zusammen, liefen fünf Kilometer durch Köln, vorbei an zehntausenden bunten Menschen, die uns zujubelten. Wir waren alle eine große Gemeinschaft. Niemand wusste, wie es in der Öffentlichkeit ankommen würde, dass die evangelische Kirche zum ersten Mal bei dieser Parade mitlief. Entgegen allen Erwartungen war die unmittelbare Resonanz unterwegs erstaunlich positiv. Man brauche dieses Signal der Kirche, man brauche den Mut und die Offenheit der Leute, die ihre Liebe leben, egal, ob es der Kirche passt oder nicht. Judith verwickelte gerührte Menschen am Wegesrand immer wieder ins Gespräch, während die Party an ihr vorbeizog – eine angehende Pfarrerin im Dienst. Es gab ergriffene Tränen, Dankbarkeit, Freude. 37 Grad und Sonne, gleichzeitig Sturmwarnung. Die Kirche auf dem CSD. Und ich als Ungetaufte dazwischen. Wer hätte gedacht, dass alle diese vermeintlichen Gegensätze in diesen wenigen Stunden so leicht zu überwinden gewesen waren? Wir brauchten an diesem Tag nichts außer uns, unseren Glauben, viel Wasser, Gaffa-Tape für die vom Wind gepeitschten Schilder und diesen Kirchenverein, der den Mut hatte, aufzubegehren. Das hier waren also auch Kirchenleute: Pfarrer und Pfarrerinnen, Vikare und Vikarinnen, Gemeindemitglieder jeden Alters und jeder sexuellen Orientierung. Wir alle traten vor der gleichen Sache für die gleiche Sache ein. Vor Gott und unserem Glauben für die Liebe. Denn die ist für alle da. Auch unter dem Banner der Kirche. Es geht doch!

Am Abend dachte ich über diesen aufregenden und bewegenden Tag nach. Er hatte mir gezeigt, dass ich nicht länger anonym und unbeteiligt sein will. Nicht unwissend und voller Vorurteile. Ich spürte, wie stark der Glaube dieser Menschen war, ihre Überzeugung für die Liebe, ihr Gemeinschaftsgeist. Und ich fühlte mich plötzlich irgendwie zu Hause.

Ich fing an, mich zu fragen, was mich überhaupt zu all diesen Gelegenheiten zog. Wieso wollte ich plötzlich Gottesdienste besuchen? Mit der Queeren Kirche mitlaufen? Mich mit Geistlichen unterhalten und meinem Glauben auf den Grund gehen? War es die

Sehnsucht nach Gemeinschaft? Und wenn ja, warum suchte ich die Erfüllung dieser Sehnsucht im Rahmen der Kirche, also ausgerechnet der Institution, die ich mein Leben lang missachtet hatte? Ich erkannte, dass ich mit diesen Menschen einen großen gemeinsamen Nenner hatte: Uns alle schweißte etwas Größeres zusammen. Da war der unausgesprochene Glaube daran, dass Gott seine schützende Hand über uns hält. Dass wir mit ihm gemeinsam stark sind, voller Liebe und Vertrauen.

Aber ich bin ein Mensch, den immer wieder Selbstzweifel befallen, und so traute ich meiner Begeisterung über diese Erkenntnis nicht. Ich traute mir selbst nicht, schließlich glaubte ich durch wenige Begegnungen nach beinahe dreißig Jahren Atheismus plötzlich mehr mit der Kirche zu tun haben zu wollen. Wo kam das her? War das Gott? Ein Wegweiser? Ein Tritt in den Hintern? Oder war es nur mein blinder Aktionismus, sobald mich ein Thema begeistert?

Ich warnte mich vor mir selbst, schließlich kannte ich mich und meine naive Begeisterungsfähigkeit. Dabei verrenne ich mich oft in falsche Hoffnungen. Was war das hier also? Eine tatsächliche Bewegung hin zur Kirche? Zum christlichen Glauben? Oder war es am Ende doch nur oberflächliches Interesse? Ein Erste-Hilfe-Kasten für brenzlige Zeiten – schneller Wundverband statt Ursachenbekämpfung? Fühlte ich mich nur unterhalten und ließ mich von dem Wunsch, eine Community zu haben, blenden? Ich wollte und musste das herausfinden. Irgendetwas war mit mir passiert. Und ich wollte wissen, was.

9

Auf der Suche nach Gemeinschaft

Mein ganzes Leben fühlt sich manchmal an wie eine einzige Suche nach Anerkennung und Zugehörigkeit. Und ich bin sicher, dass das nicht nur mir so geht. Im Alltag ist Einsamkeit für die meisten Menschen eine große Herausforderung. Ich glaube nicht, dass wir grundsätzlich dafür gemacht sind, uns allein durch dieses Leben zu schlagen. Acht Milliarden weitere Menschen sind gleichzeitig mit mir hier. Wir glauben an unterschiedliche Götter oder an gar keinen Gott. Wir leben in verschiedenen Kulturen und in den verrücktesten Konstellationen. Aber wir sind doch nicht hier, um dieses Leben in Zynismus und Isolation zu verbringen. Natürlich braucht es auch Zeiten, die man ganz für sich hat. Aber unfreiwillige Einsamkeit ist etwas anderes. Anschlusslosigkeit. Dieses Gefühl, nirgendwo dazuzugehören, keine Kontakte knüpfen und halten zu können. Neudeutsch würde ich das *Disconnection* nennen. Als hätte man die Verbindung zu anderen Menschen gekappt und stünde jetzt plötzlich allein da.

Dabei gibt es da draußen so viele, die genauso fühlen. Was ist passiert, dass wir uns das nicht mehr sagen? Dass wir nicht zugeben können, nach Gemeinschaft zu suchen? Wir gehen aneinander vorbei, Scheuklappen vor, Kopfhörer auf, wer mir nicht aus dem Weg geht, wird angerempelt. Wir schenken uns keine Beachtung mehr und fühlen uns vielleicht auch deshalb ständig einsam. Wenn ich allein unterwegs bin und auf die Bahn warte, sehe ich um mich herum viele Menschen mit ihren Handys vorm Gesicht. Jedes Mal schmerzt mich, wie sehr wir uns dabei selbst isolieren. Niemand schaut zum anderen auf, kein Lächeln, kein Kontakt. Ich ertappe mich dann manchmal dabei, mich unter den vielen Menschen am Bahnsteig einsam zu fühlen. Dann frage ich mich, ob wir verlernen, aufeinander zuzugehen. Es wird auch für mich immer schwieriger und anstrengender, neue Kontakte zu knüpfen und die Einsamkeit zu besiegen. Sich rauszutrauen erfordert Mut und Kraft. Wer einsam ist, muss vor die Tür gehen. Wer einsam ist, muss sich unter Menschen begeben. Wer einsam ist, muss sich auch trauen, Gruppen gegenüberzutreten, die er nicht kennt. Wer einsam ist, hat immer eine Chance, es nicht mehr zu sein.

Frank erzählte mir einmal eine witzige Geschichte. Eine Bekannte erinnerte sich an ihre Jugend in der Gemeinde: Ständig gab es irgendwelche Feste, Frühstücke und Wochenenden, bei denen sie dabei sein musste. Jeder steuerte zu diesen Anlässen etwas zu essen bei – und immer musste irgendwer den obligatorischen Kartoffelsalat übernehmen. Sie versteckte sich manchmal vor den Damen, die mit dieser Kartoffelsalat-Forderung immer wieder bei ihr landeten. Aber es war nicht nur der Kartoffelsalat, von dem sie genug hatte. Sie wollte einfach nicht schon wieder Menschen treffen – und auch nicht immer die gleichen.

Die Geschichte ist deshalb so witzig, weil ich Frank wenige Wochen zuvor das Gegenteil erzählt hatte: Ich wünschte mir so sehr, irgendwo helfen, etwas beisteuern, bei einem Kochabend eines ehrenamtlichen Vereins oder der Gemeinde mithelfen zu können. Ich hätte so viel dafür gegeben, irgendwem einen blöden Kartoffelsalat zu machen und ihn dann gemeinsam mit anderen Menschen zu verspeisen. Ich wollte neue Menschen kennenlernen und gleichzeitig in irgendeiner Form Sinn stiften – und wenn es nur durch Kartoffelsalat und meine Anwesenheit wäre. So unterscheiden sich die beiden Welten: Wer damit aufgewachsen ist, ständig in der Gemeinde irgendetwas tun zu müssen, der ist es irgendwann vielleicht auch leid. Wer sich nach einer Gemeinschaft sehnt, würde wahrscheinlich gern zehn verschiedene Kartoffelsalate für zehn Gemeinden zubereiten.

Der Sinn für Zugehörigkeit und Gemeinschaft war immer schon stark in mir. Ich bin jemand, der gerne mal »Sozialtierchen« genannt wird, ich mische mich mit Freude unter die Leute, höre ihren Geschichten zu und erzähle meine. Ich brauche diesen Austausch, neue Gesichter und Impulse. Doch durch die Pandemie und andere biografische Entwicklungen ergaben sich für mich immer weniger Gelegenheiten, neue Kontakte zu knüpfen. Vor allem solche, die nichts mit dem Job zu tun haben.

Durch den Kindergarten, die Schule, die weitere Ausbildung und auch den ersten Job lernt man immer neue Menschen kennen. Aber wenn man im Berufsleben angekommen ist und zudem mitten in einer Pandemie steckt, schrumpfen diese Möglichkeiten nahezu auf null. Man muss selbst aktiv werden, aktiv nach anderen Menschen suchen. Klagen nützt nichts, handeln ist der Schlüssel.

Ich bin überzeugt, dass wir alle mehr gegen unsere Einsamkeit tun können, als wir denken. Und damit meine ich echte Begegnungen, nicht virtuelle. Ich musste mich in Situationen stürzen, die mir vielleicht ein wenig unangenehm waren, um meine Einsamkeit zu durchbrechen. Nähe zu Menschen zulassen, die ich nicht kannte und die aus Kulturen und Lebensentwürfen kamen, die mir nicht vertraut waren. Dieser Weg führte mich erst zum Salsa-Tanzen, dann zu der ehrenamtlichen Organisation *»Start with a Friend«* – und mehrfach in die Kirche, ob zu gemeinsamen Kochabenden oder zum Suppenausschank.

Schon bei den Benediktinern in Münsterschwarzach spürte ich dieses Gefühl von Gemeinschaft. Wir kannten einander nicht, aber alle waren so offen, so herzlich und interessiert. War das Kirche? Und hatte das tatsächlich etwas mit ihrem Glauben, ihrer christlichen Sozialisierung zu tun? Im Lauf der Monate stellte ich fest: Jeder, wirklich jeder Mensch, den ich auf dieser Reise im kirchlichen Kontext kennenlernen durfte, empfing mich mit so viel Vertrauen und Offenheit, dass es mich mehr als einmal zutiefst berührte. Ich kam als Fremde, aber man behandelte mich wie eine Freundin.

Ich bin bei so vielen Dingen unsicher – wie jeder andere Mensch auch. Wenn einem aber wie zum Beispiel in Münsterschwarzach die Menschen mit so viel Offenheit und Humor begegnen, mit Nächstenliebe und Vertrauen, ist das entwaffnend. »Angst hat keine Chance gegen Liebe und Gnade«, wie es Diakon Tobias Knöller in einer seiner Predigten sagte. Liebe und Gnade führen uns zusammen – als Menschen, vor Gott. Undurchdringbar und allen Ängsten zum Trotz. Dass diese Liebe und Gnade in Gemeinden herrschen, die die ganzen Jahre und ohne mein Wissen offen für mich zugänglich waren, lässt mich heute noch lachend den Kopf schütteln. Seit ich denken kann, sehne ich mich nach einer Gemeinschaft, die nichts mit meiner Arbeit oder meinem engen Freundeskreis zu tun hat. Eine Gemeinschaft, in der ich ich sein darf, mit all meinen Stärken und Fehlern, ein *Safe Space*, der für alle da ist und in dem man sich gegenseitig auffängt, von Gott aufgefangen wird, wenn die Lage besonders brenzlig ist. Aber ich brauchte eine ganze Zeit, bis ich verstand: Hey, was du brauchst, war schon immer da, wird immer da sein und ist auch jetzt für dich da. Kirchengemeinden pflegen einen ständigen Austausch miteinander, man kennt sich, man hilft sich, man wächst zusammen. Aber woher sollte ich das wissen, wenn ich nie einer Kirche angehörte? Es brauchte erst Franks vorsichtige Ermutigungen, zumindest mal eine Kirche zu betreten, und sein Versprechen, dass mir schon niemand etwas tun oder mich vertreiben würde. Und es brauchte die glücklichen Fügungen, durch die ich tatsächlich mit Geistlichen ins Gespräch kam, damit ich verstand, dass eine Gemeinde vielleicht sogar genau mein Platz ist.

Mit der Zeit wurde ich neugierig und stöberte auf den Websites der Kirchen in Köln. Nach meinem Erlebnis in der Kunstkirche St. Peter wollte ich wissen, was die anderen so veranstalteten, wenn sie ihre Schäfchen zusammenriefen. Es gibt zum Beispiel Kneipen-Gottesdienste, Kochabende, ehrenamtliche Veranstaltungen, öffentliche Chorproben, Führungen durch die Kirchen, Sommerfeste, Konzerte. Die Liste ist endlos. Und wer steckt hinter alldem? Keine Algorithmen oder Automatismen, keine Avatare im *Metaverse*, keine Likes einer anonymen Zuschauermasse. Und auch keine geldgierigen Konzerne oder Plattformen für Persönlichkeitsentwicklung. Das sind echte Menschen. Gemeindemitglieder aller Altersgruppen und mit vielfältigen kulturellen und sozialen Hintergründen. Diese Menschen und ihre Arbeit, Gott, den Glauben, all das gab es schon während meiner dunkelsten Momente. Dieses Sicherheitsnetz, diese Hoffnung war immer da. Und jetzt hatte ich sie endlich gefunden. Ich dachte immer häufiger darüber nach, wie es wohl wäre, Teil einer solchen Gemeinde zu sein, unter Gottes schützender Hand zu leben, zu wissen, dass er da war und wir da waren. Ich überlegte, wie ich mich engagieren, was ich beitragen könnte. Und dann stoppte ich mich selbst in meinem Enthusiasmus, weil ich mir klarmachte: Eine Gemeinde ist nicht dazu da, um mich zu unterhalten, wenn mir langweilig ist. Sie ist auch keine Beschäftigungsmaßnahme und kein Auffangbecken für Alleinstehende. Eine Gemeinde steht zusammen unter dem oder der einen Großen. Unter Gott. All diese Menschen vereint ihr Glaube. Dieser beflügelt sie, ermutigt sie zu ihren Ehrenämtern, zu ihrer Menschlichkeit, er verbindet die einzelnen Seelen zu einer Gemeinschaft. Unter dem Dach einer Kirche wirkt man zusammen für die Welt und füreinander. Also musste ich mir die Frage stellen: Willst du das? Bist du schon so weit? Ist das nur die Suche nach neuen Kontakten oder steckt mehr dahinter? Willst du nur das »Sozialtierchen« in dir befriedigen oder leibhaftiger Teil einer Gemeinde sein? Bist du bereit, deinen Glauben mit diesen Menschen zu leben, ihn mit ihnen zu teilen? Meinst du das hier wirklich ernst?

Ich fand mich selbst so albern, als ich tatsächlich mit dem Gedanken spielte, mich meiner Gemeinde anzuschließen, als ich sogar an das Wort »Kircheneintritt« dachte, während mir das Wort »Taufe« nicht über die Lippen kam. Aber je mehr ich mich dagegen wehrte, weil meine Vernunft und meine Erfahrung mit mir selbst das Gegenteil sagten, musste ich einsehen: Ich hatte einen Pfad betreten, den ich nicht mehr verlassen konnte. Hier war die Vernunft zu Ende und ich überließ mich meinem Gefühl. Alle Fragen, die ich mir in meiner Skepsis stellte, blieben ohne Antwort. Alles war nur noch Gefühl. So, als wäre der Verstand ausgeschaltet worden. Manchmal sind die Dinge: einfach so.

Ich fühlte mich zum Glauben hingezogen. Das konnte ich nicht mehr abstreiten. Und wollte ich auch nicht.

10

Berührungspunkte

Meine Reise führte mich unweigerlich zu der Frage: Wenn ich in die Kirche eintreten würde, welche würde es sein? Möchte ich katholisch sein wie mein Mann? Oder evangelisch wie mein Opa? Ich beschäftigte mich mit beidem etwas intensiver, aber eigentlich wusste ich es von vornherein: Den Katholiken steht immer eine lange Entscheidungskette im Weg, die wichtige Reformen sehr schwer macht. Es gibt noch zu viele Hürden, die abgebaut werden müssen, zu viele Ungerechtigkeiten, zu viel Verstaubtes, das immer noch gilt. Als Frau wollte ich einer Kirche angehören, die Frauen das Pfarramt ermöglicht, die hohe kirchliche Ämter mit Frauen besetzt und in der queere Menschen offen leben und arbeiten können. Je mehr ich in das Thema eintauchte, desto mehr kristallisierte sich für mich heraus: Wenn ich das wirklich ernst meine, dann ist die evangelische Kirche meine christliche Richtung.

Wenn man keine Ahnung hat, schaut man es eben nach. »Erwachsenentaufe evangelisch Köln« – die Buchstaben füllten das schmale Tippfeld unter dem bunten Google-Schriftzug und ich musste schmunzeln. Es fühlte sich an, als würde mein 15-jähriges Ich über mir schweben und skeptisch den Kopf schütteln. Der schwarzgefärbte, schrägliegende Pony würde sich mitbewegen, darunter runzelt sich die Stirn und die Augen verengen sich zu einem angriffslustigen Schlitz. »Du? Christin? Pah!« Und ich: »Ja, ich. Christin. Ha!« Also drückte ich auf Enter und fand sofort die evangelische Kircheneintrittsstelle in der Kölner Antoniterkirche – ganz in meiner Nähe. Diakon Tobias Knöller war verantwortlich für die Kircheneintritte und lächelte mir sympathisch vom Foto entgegen. Daneben das Online-Formular mit der Möglichkeit, Kontakt aufzunehmen. Also schrieb ich los. Ich berichtete von meiner Suche nach einer Gemeinschaft, nach meinem Glauben, nach Gott. Ich hielt mich möglichst kurz, stellte aber in dem kleinen Textfeld klar, dass das hier ungewöhnlich für mich war, ich das aber unbedingt wollte. Senden. Und warten.

Es dauerte keinen Tag, da bekam ich schon eine Mailboxnachricht, in der mir der Diakon persönlich das Gespräch anbot. Das Wort »Taufe« fiel und machte mich nervös, aber ich ließ es geschehen. Ich solle ihm doch gern eine Sprachnachricht schicken und dann sähen wir weiter, meinte er. Ich war wirklich froh – und so überrascht, dass er mir seine private Nummer gibt. Was für ein Vertrauensvorschuss! Aufgeregt schickte ich ihm eine Nachricht: »(…) Ja, es geht im Prinzip um eine Taufanfrage beziehungsweise ein erstes Gespräch mit jemandem, der für solche Dinge zuständig ist ☺ Meine Entscheidung zum Kircheneintritt ist noch recht frisch.«

Jetzt hatte auch ich das große Wort »Taufe« zumindest schriftlich ausgesprochen. Aber ich musste zugeben, dass es mir ein wenig Angst machte. Taufe klang so monumental. Sollte ich mich wirklich zu diesem Schritt entscheiden? Meinte ich mit alledem Taufe? Bis zu dem Zeitpunkt hatte ich verdrängt, dass mit meinem Kircheneintritt auch eine Taufe verbunden wäre. Kein Säugling da vorn am Taufbecken, sondern ich, die das Glaubensbekenntnis selbst sprechen müsste – dabei konnte ich nicht mal das Vaterunser auswendig. Aber ich sprang über meinen Schatten und traute mich. Also hatte ich am kommenden Tag in meiner Mittagspause mit Diakon Tobi, wie er ab da für mich heißen würde, einen Telefontermin. Ich hatte nur eine Stunde Zeit, mir etwas zu essen zu machen und die Katzen zu versorgen und mit dem Diakon zu sprechen. Aber ich würde nicht lange brauchen, um ihm zu erklären, dass ich in die Kirche eintreten möchte und es ernst meine. Schon nach zehn Minuten war mir aber klar, dass ich die Situation unterschätzt hatte.

Wir sprachen über die Beweggründe meiner Anfrage, ich erzählte von meinem Besuch in Münsterschwarzach, von der Freundlichkeit der Benediktiner und der Begegnung mit dem Abt, vom CSD und der Queeren Kirche, von meiner Begeisterung für das Engagement dieser Leute, von meiner Suche nach Gemeinschaft und von meinem Gefühl, dass da mehr ist. Ich erzählte von meinem familiären Hintergrund und der Erkenntnis, dass ich schon viel länger an etwas Höheres, an Gott glaubte, als mir das bewusst war. Ich hatte meinen Glauben nur immer wieder von mir gestoßen und als Esoterik abgetan, schließlich hielt ich mich für eine Atheistin und fand die Welt zu finster, als dass da ein Licht sein soll. Aber mittlerweile wusste ich: Da ist etwas. Und auch, wenn es mir schwerfiel, genau diese Worte auszusprechen, wollte ich, wie Tobi richtig erkannte, zu Gott gehören. Ich erklärte ihm, dass ich wenig wusste, erst vor Kurzem überhaupt mal in eine Bibel hineingeschaut hatte, dass ich mich mit Luther nicht auskannte und kaum theologisches Wissen besaß, aber dass ich unglaublich viel fühlte.

»Und das ist viel wichtiger als jedes Wissen. Dass du fühlst. Und wie es sich für mich anhört, fühlst du sehr viel.« Ein kleiner Satz, der genau ins Schwarze traf. Ich fühlte so unendlich viel und wurde davon übermannt. Mir kamen die Tränen. Dieser mir noch völlig fremde Mann am Telefon durchschaute so schnell, was in mir vorging, und er gab mir das, wonach ich lange gesucht hatte: ein Okay. Es ist okay, so viel zu fühlen. Es ist an dieser Stelle sogar genau das Richtige. Ich bemühte mich, mir meine Rührung nicht anmerken zu lassen, und nickte stumm in mein Handy, während Tobi weitersprach. Wir vereinbarten, uns nach seinem Urlaub zu einem persönlichen Gespräch zu treffen. Nach diesem ersten großen Schritt Richtung Taufe hatte ich jetzt noch fünf Wochen Zeit, um mir darüber klar zu werden, was es bedeutet, mich taufen zu lassen – und um eine kleine Hausaufgabe zu erledigen: »Wenn du eine Bibel zu Hause hast, lies doch mal ein bisschen im neuen Testament. Schau dir die Bergpredigt an und was sie in dir auslöst. Überlege dir, was du gut fandest und was dich vielleicht irritiert hat. Und dann lass uns darüber sprechen.« Ich versprach, genau das zu tun.

Unsere goldene Sonderedition der Basis-Bibel, die wir bei den Büchertagen in Münsterschwarzach gekauft hatten, lag auf unserem Hausaltar bereit. Wir hatten noch etliche andere Bibelausgaben in unserer Wohnung, aber diese schien mir für mich besonders geeignet, da sie Erläuterungen zu allem enthielt, was ich noch nicht verstand. Außerdem hatte mit den Münsterschwarzer Büchertagen so viel für mich angefangen. Ich wusste damals noch nicht, dass diese Bibel die erste sein würde, in der ich wirklich lesen würde. Fügung? Tobi und ich verabredeten uns also zum nächsten Gespräch. Und ich wurde Bibelleserin.

In den darauffolgenden Wochen setzte ich mich immer wieder mit dem Neuen Testament auf die Couch. Ich verschlang die Geschichten, las jede noch so kleine Erläuterung am Rand. Zusätzlich hörte ich bei Spaziergängen und wenn meine Augen zu müde zum Lesen wurden, das Neue Testament als Hörspiel. Es war unglaublich kitschig und brachte mich oft zum Schmunzeln. Zwischen den eingesprochenen Dialogen leierte ein großes Streichorchester und begleitete die Handlung als viel zu blumiger Klangteppich. Gleichzeitig war das Ganze so schlecht abgemischt und zusammengeschnitten, dass die tiefe Off-Stimme, die die Geschichte erzählte, ständig den verschiedenen Rollen reinredete und umgekehrt. So wurde Jesus nicht selten von einer allwissenden Erzählstimme mitten im Satz unterbrochen, die einfach über seine Rede quatschte. Aber ich fand es unterhaltsam. Das Hörspiel ergänzte meine Lektüre und half mir, die Geschichten besser zu verstehen und sie mir einzuprägen. Ich forschte nach Podcasts zum Thema und fand »Unter Pfarrerstöchtern« von der »Zeit«. Für mich ein Gamechanger. Die stellvertretende Chefredakteurin der »Zeit«, Sabine Rückert, und ihre Schwester, die Theologie-Professorin Johanna Haberer, sind als Pfarrerstöchter aufgewachsen und widmen sich in diesem Podcast der ganzen Bibel. Ohne Bekehrungsvorhaben oder Fragen zum Glauben, die laut Frau Haberer sowieso nicht zu beantworten sind, sondern fachlich und ganzheitlich. Jede einzelne Geschichte der Bibel wird chronologisch durchleuchtet und in ihren historischen Kontext eingeordnet. Für mich als Laie war dieser Podcast DIE Entdeckung. Es wird weder gefrömmelt noch so fachlich-theologisch gesprochen oder rumphilosophiert, dass ich nichts verstehe. Im Gegenteil: Die Mischung aus Johanna Haberer als das theologisch hoch gebildete Gegenüber ihrer Schwester Sabine, die moderne Fragen zur Bibel stellt und »für das Profane zuständig« ist, wie sie selbst sagt, ist der Dialog, den ich brauche, um die Bibel zu verstehen.

Mein ganzes Leben lang hielt ich die Bibel für ein problematisches Buch für Verrückte. Ich kannte nur die Geschichten der Menschen, die sich ernsthaft darauf bezogen, die nach dem Maßstab dieser alten Schrift urteilten, die die Bibel für Gottes wörtliches Wort hielten – unfehlbar und zu hundert Prozent die Wahrheit. Dass es sich bei diesen Menschen eher um Fanatiker handelt, wusste ich nicht. Ich dachte, alle Christen würden die Bibel wie ihr eigenes Handbuch zum Leben auf dieser Erde betrachten und sie wortwörtlich nehmen. Dabei kannte ich nicht mal die Geschichten darin, ich wusste nicht, wer sie geschrieben hatte und warum.

Heute bewundere ich diesen Schatz an Erzählungen, die Augenzeugenberichte aus der damaligen Zeit.

Ich verstehe, warum unter anderem der Schauspieler Bud Spencer in seiner Autobiografie schrieb, die Bibel sei sein Lieblingsbuch. Diese Geschichten jedoch wortwörtlich zu nehmen und sie entsprechend auszulegen, wie das beispielsweise die Kreationisten tun, ist »eine fatale, wirklich tragische Einengung des Reichtums dieser Schriften«, wie Johanna Haberer formuliert. Und je mehr Geschichten ich kennenlerne, desto mehr bewundere ich dieses Werk. Ich bekomme nicht genug von dem Erfahrungsschatz, den sie in sich birgt, von den romanhaften Figuren und Intrigen, den Kämpfen, Niederlagen und den Siegen, den problematischen Versprechungen und Familienkonstellationen. Von Gott als literarischer Figur, die sich im Lauf der Zeit für die Schreibenden immer wieder stark veränderte. Die Mystik des Alten Testaments beeindruckt mich, die wegweisende Hoffnung des Neuen Testaments berührt mich. Bei jedem Kapitel frage ich mich: Wie konnte ich all das verpassen?

Die Bibellektüre offenbart mir wunderbare Geschichten, manche so ungeheuerlich, dass ich mich wie bei einer guten Fernsehserie über die Ungerechtigkeiten darin aufregen könnte. Wie frech Sara Gott auslacht, als er ihr auch nach hundert Lebensjahren verspricht, sie würde ein ganzes Volk gebären. Diese Menschen sind nicht alle gottesfürchtig, manche glauben ihm nicht, sind wütend auf ihn oder lachen ihn aus. Gott selbst ist im Alten Testament oft so menschlich dargestellt, er hat heftige Emotionen und sie oft auch nicht im Griff. Er ist rachsüchtig, eifersüchtig, wütend. Er kämpft mit seiner eigenen Schöpfung, macht Versprechungen, die er – so hat es manchmal den Anschein – nicht hält. Unterdessen leben die Menschen in polyamorösen Beziehungen oder bringen sich aus Neid gegenseitig um. Die Geschichten des Alten Testaments klingen oftmals wie ein spannender Sandalenfilm oder wie ein Thriller. Das hat mich überrascht. Und es macht mir Freude. Das Neue Testament hat einen anderen Ton. Die Geschichten sind nicht ganz so pompös und aufgeblasen wie die des Alten Testaments, sie sind menschlich manchmal leichter nachzuvollziehen und durch die Worte Jesu voller Weisheiten, die auch heute noch anwendbar sind. In Matthäus 5,33–37 (Bergpredigt) sagt Jesus zum Beispiel: »Ihr habt weiter gehört, dass zu den Alten gesagt ist: ›Du sollst keinen falschen Eid tun und sollst Gott deinen Eid halten.‹ Ich aber sage euch, dass ihr überhaupt nicht schwören sollt, weder bei dem Himmel, denn er ist Gottes Stuhl, noch bei der Erde, denn sie ist seiner Füße Schemel, noch bei Jerusalem, denn sie ist des großen Königs Stadt. Auch sollst du nicht bei deinem Haupt schwören, denn du vermagst nicht ein einziges Haar schwarz oder weiß zu machen. Eure Rede aber sei: Ja, ja; nein, nein. Was darüber ist, das ist vom Übel.«

»Eure Rede aber sei: Ja, ja; nein, nein.« Dieser Satz resonierte so stark mit mir, dass ich ihn mir notierte und verinnerlichte. Mich macht es im Alltag immer so wütend, wenn Menschen unverbindlich sind, ihre Versprechen nicht halten, rückgratlos durchs Leben gehen, keine klare Haltung haben. Es ist wichtig, im Großen und Kleinen, ein Ja auch so zu meinen und ein ebenso akzeptables Nein so zu meinen. Kein Vielleicht, kein Fähnchen im Wind, kein Abwarten, was sich ergibt oder was andere tun. Haltung, Klarheit, Deutlichkeit, Verbindlichkeit. Jesu Worte sind über zweitausend Jahre alt. Und sie gelten noch heute. Ich möchte nach ihnen leben und wünsche mir, dass auch andere das tun.

Nachdem ich mich ausführlich mit der Bibel beschäftigt hatte, wusste ich, dass ich diese Bibelstelle mit in mein Gespräch mit Diakon Tobi nehmen wollte. Mein erstes Gespräch über die Bibel. Und über den Glauben.

11

Türen öffnen – und hindurchgehen

Am Tag unseres Gesprächs war ich unglaublich aufgeregt. Ich hatte mir einige Notizen zur Bergpredigt gemacht, wie Tobi mir aufgetragen hatte. Und dann kam die Nachricht: »Wir wollten uns ja um 19 Uhr treffen, allerdings habe ich noch eine Weinprobe von der Kirche vorher. Du bist herzlich eingeladen, vorbeizukommen, dann musst du auch nicht auf uns warten«, schrieb Tobi mir am selben Tag. Weinprobe klang sympathisch. Wein hatte mir schon geholfen, meine Nervosität ein wenig loszuwerden, als ich neben dem Abt in Münsterschwarzach saß. Also ging ich an diesem sehr warmen Sommerabend zur Antoniterkirche in der Kölner Innenstadt, um vor meinem Taufgespräch noch einen Wein abzugreifen. Es waren über 30 Grad, ich schwitzte und war sehr aufgeregt. Nicht nur, weil es um meine Taufe ging. Es war auch das erste richtige Gespräch, das ich mit einem Geistlichen über meinen Glauben führen würde. Zugleich war das Restaurant, in dem wir uns treffen wollten, im Antoniter-Quartier direkt neben der Kirche, in der meine Taufe stattfinden sollte. Ich kannte die Kirche noch nicht, zumindest nicht von innen. Als ich auf sie zuging, fand ich das völlig absurd, schließlich bin ich unzählige Male an dieser Kirche vorbeigelaufen. Mein ganzes Leben lang. Aber ich hatte sie nie beachtet, für mich war sie nur der Vorbau für das Café dahinter gewesen.

Die Antoniterkirche liegt an der meistbesuchten Shopping-Straße Europas, der Schildergasse, mitten im Konsumtempel Kölner Innenstadt. Der Weg dorthin ist gesäumt von unzähligen Kleidungs- und Schuhgeschäften, Juwelieren, fliegenden Schmuckhändlern, Straßenmusikern. Rund 80.000 Menschen laufen jeden Tag an dieser Kirche vorbei, um zu shoppen. Ich gehörte seit meiner Kindheit zu diesen Menschen und verbrachte unzählige Stunden auf dieser Straße. Aber heute war ich als Taufanwärterin hier. Vor dieser Kirche, der ich nie Beachtung geschenkt hatte.

Ich sah schon von Weitem die vielen Menschen vor der Kirche versammelt, an einem langen Tisch wurde Wein ausgeschenkt. Die gut gelaunten Gesichter glänzten vor Hitze und Weinseligkeit in der Sonne. Ich schlich mich an den Stand und wusste zunächst nicht, wohin mit mir, als plötzlich ein Mann auf mich zukam. Er mochte nur ein paar Jahre älter sein als ich, jung, gutaussehend, strahlend. Er hatte freundliche und offene Augen und fragte mich direkt: »Bist du Nina?« Ich nickte und wollte gerade meine Hand ausstrecken, da fand ich mich schon in einer festen Umarmung wieder. Sie fühlte sich an wie ein »Endlich bist du da!«. Tobi begrüßte mich so herzlich, als würden wir uns schon ewig kennen. Ich hätte ja auch nur eine shoppingbegeisterte Frau sein können, die Interesse am Wein hatte. Aber aus irgendeinem Grund wusste Tobi sofort, wer ich bin, und empfing mich mit einer Vertrautheit, bei der mir gleich tausend Steine vom Herzen fielen. Er reichte mir ein Glas Wein, stellte mir seinen Mann vor, ebenfalls ein Tobias, der Vikar war und gleich mit zu meinem Gespräch kommen würde. Auch Tobias nahm mich in den Arm und lächelte mich ermutigend an. Ich fühlte mich an Münsterschwarzach erinnert, wo ich ein so warmherziges Willkommen erfuhr, an einem Ort, an dem ich es überhaupt nicht erwartet hatte. Beide Tobis entschuldigten sich, sie müssten zurück zum Weinstand, und parkten mich beim Gemeindepfarrer der Antoniterkirche. Er unterhielt sich gerade mit einer jungen Frau aus der Gemeinde über Hochzeitssängerinnen, die ziemlich sicher nicht singen könnten, wenn sie in der Kirche einen Verstärker benutzten. Ich hielt mich elegant zurück, schließlich benutzte ich selbst immer einen Verstärker, auch, wenn ich in Kirchen sang. Ob das der Grund war, weshalb der Pfarrer damals bei der Hochzeit so garstig zu mir gewesen war? Gab es ein Verstärkerverbot in Kirchen, von dem ich nichts wusste? Oder ging es hier nur um Vorlieben?

Ich blieb noch eine Weile bei den beiden stehen, bis der Pfarrer sich verabschiedete und ich mit der Frau allein zurückblieb. So lernte ich F. kennen, mit der ich sofort ins Gespräch kam. Wir unterhielten uns über den Kirchenchor und meine Idee, in die Kirche einzutreten. Tobi kam zurück und lud F. kurzerhand ein, uns zum Taufgespräch zu begleiten. Und so saßen wir schließlich alle vier gemeinsam im Restaurant. Mein Herz pochte, ich faltete wie in Münsterschwarzach meine Hände im Schoß, bettete sie auf meinem hellblauen Blümchenkleid, während ich mich bemühte, mir meine Aufregung nicht zu sehr anmerken zu lassen. Aber Diakon Tobi und sein Mann machten es mir mit ihrer offenen Art leicht, meine Nervosität abzulegen. Wir kamen schnell ins Gespräch, als die beiden von mir wissen wollten, warum ich hier sei, warum ich mich taufen lassen wolle, was dazu geführt habe – und wie ernst ich es meine. Ich erzählte ihnen meine halbe Lebensgeschichte (vieles davon haben Sie in diesem Buch gelesen) und mein Gefühl gegenüber der Taufe. Ich gab zu, das Wort noch nicht richtig aussprechen zu können und dass auch die Worte »Jesus« und »Gott« mir noch nicht so leicht über die Lippen gingen. Zu fremd sei das alles noch für mich. Aber ich bekräftigte meinen Willen, in die Kirche eintreten zu wollen, lernen und erfahren zu wollen. Und ich wiederholte, dass ich endlos viel fühlte, dass ich daran glaubte, nur mit Glaube, Liebe, Hoffnung dem

Hass und der Angst in der Welt etwas entgegensetzen zu können. Ich erzählte, dass ich in der Bibel gelesen habe, und von meiner bisherigen Lieblingsstelle. Ja, ja, und nein, nein sei etwas, das ich verinnerlichen und mit dem ich leben wollte.

Tobi, Tobias und F. hörten sich das Ganze geduldig an. Ich fürchtete zwischendurch, dass ich allen Anwesenden ein Kotelett ans Ohr quatsche, gestikulierte wild herum, um meinen Worten mehr Gewicht zu geben. Aber die Tobis ließen mit ihren freundlichen Blicken und ihrem Kopfnicken nicht von mir ab. Sie schienen nicht gelangweilt, sondern neugierig und aufmerksam. Ab und an stellten sie eine Zwischenfrage. Ich war ganz irritiert von diesem ehrlichen Interesse an meiner Person. Ich bin damit aufgewachsen, mich selbst zurückzunehmen, damit ich für die anderen ein offenes Ohr haben kann. Es war ein langer Weg, zu lernen, dass auch meine Bedürfnisse eine Rolle spielen. Und diese beiden Männer gaben mir das Gefühl, alles, was ich erzählte, wie ich bin, ist in Ordnung. Ein gutes Gefühl. Als ich am Ende von meinem Wunsch erzählte, in die Kirche eintreten zu wollen, weil ich das konfuse Gefühl hatte, damit das Richtige zu tun, verengten sich Tobis Augen zu kleinen Schlitzen. Er musterte mich ernst und unterbrach mich, denn er wollte mir etwas Wichtiges mitteilen: »Entschuldige, dass ich da einhaken muss. Aber ich möchte, dass du dir über eine Sache im Klaren bist. Es arbeiten Menschen in der Kirche. Es gibt Enttäuschungen und Dinge, die nicht so laufen, wie man das gerne möchte. Es gibt keine Antworten auf alle Fragen und ebenso wenig Lösungen für alle Probleme. Ich will dich nur vor Enttäuschung bewahren.« Ich dachte kurz darüber nach, was er sagte. Und ich nickte entschlossen. »Ich habe all das auf meinem Weg hierher, zu euch, zur Kirche, zum Glauben, bereits hinter mich gebracht. Ich habe oft Enttäuschung erlebt und trotz allem selbst Lösungen für meine Probleme gefunden. Ich erhoffe mir keine Antworten auf große Fragen. Sondern, ich bin hier, weil ich nach Glaube, Liebe, Hoffnung suche, weil ich sie in der Kirche, unter ... Gott ... erfahren möchte. Und weil ich der ganzen Angst und Trennung da draußen entschieden etwas entgegensetzen möchte.« Als ich das so aussprach, wurde es für mich ganz klar. Ich hatte keine Erwartungen an meine Taufe und die Zeit danach. Ich suchte einen Zugang zu meinem Glauben und zu einer Gemeinde, in der ich mich zu Hause fühlen konnte. Beides hatte ich hier gefunden. Die beiden Tobis nickten wieder, auch F. lauschte andächtig und bedankte sich bei mir für meine Offenheit. Sie sei ganz froh, hier dabei sein zu können, was mich sehr berührte. Schließlich erzählte ich nur von meinem Leben. Ich war ein offenes Buch, ein *Oversharer*, jemand, der alles von sich preisgab. War das nicht nervig? Herausfordernd? Überfordernd? Anscheinend war es das nicht. Ich war ehrlich mit meinen Unsicherheiten der Kirche gegenüber, mit meiner theologischen Unwissenheit und mit meinen Schwierigkeiten, was den Gottesbegriff betraf. All das war möglich, weil diese beiden Kirchenmänner einen Raum für mich aufmachten, in dem ich mich sicher und gehört fühlte. Ich musste dafür weder einen Onlinekurs buchen noch beweisen, was ich alles kann. Ich musste keine Reise zu meinem inneren Kind unternehmen vor Menschen, denen ich nicht vertraute. Es wurde auch kein Persönlichkeitstest von mir verlangt, der mein ganzes Wesen analytisch auseinandernahm und mich kategorisierte. Ich zahlte kein Geld für dieses wertvolle Gespräch, und es ging nicht darum, mich besser zu machen. Ich durfte einfach hier sitzen und diesen Leuten von mir erzählen, von meiner Glaubensreise und meinen Ängsten und Wünschen. Und sie hörten mir zu. Einfach so. Ich durfte Mensch sein. Nina sein. Ich vertraute jedem an diesem Tisch auf Anhieb und schaute auf die Kirche neben uns, als die Glocken ertönten. Das sollte meine Taufkirche werden. Das hier war meine Gemeinde. Ein zweites Zuhause. Unter Gott.

Am Ende des Gesprächs folgte der offizielle Teil: Wo, wann und wie möchte ich getauft werden? Und von wem? Ich wusste nicht, dass mehrere Menschen mich taufen können. Ich dachte, dass das der Gemeindepfarrer selbst macht. Als aber klar wurde, dass auch Tobi mich taufen und ich über den Rahmen mitentscheiden konnte, freute ich mich und war zugleich überfordert. Für mich war klar: Tobi soll das machen! Was ich aber überhaupt nicht wusste, war, wen ich dazu einladen sollte.

Tobi bot mir an, mich gemeinsam mit Zwillingen zu taufen, schon in vier Wochen, in einem normalen Sonntagsgottesdienst, zu dem auch die Gemeinde anwesend sein würde. Ich versuchte mir vorzustellen, wie ich in einem Gottesdienst saß, mit meiner Familie und meinen Freunden. Wie zwei Babys über das Taufbecken gehalten wurden und dann ich folgte. Aber ich sah in meiner Vorstellung nicht, wer mit mir in der Kirche saß. Ich kam schließlich aus einer Familie und einem Freundeskreis, in dem wirklich niemand in die Kirche ging. Die allerwenigsten von ihnen waren überhaupt getauft, geschweige denn noch in der Kirche. Eher ging es den meisten wie mir: Die Medien zeichneten die Kirche in einem sehr schlechten Licht. Noch vorhandene positive Erfahrungen mit der Kirche aus der eigenen Kindheit wurden vergessen und überlagert durch die Berichte über Missbrauch und andere Vergehen in den letzten Jahren. Deshalb und wegen der Unlust, weiterhin Kirchensteuer zu zahlen, war kaum jemand, den ich kannte, noch Kirchenmitglied. Das Thema Kirche schien allen in meinem Umfeld ebenso ein Dorn im Auge zu sein wie mir selbst noch bis vor Kurzem. Wen sollte ich da einladen? Zugleich komme ich aus einer Patchworkfamilie mit mehreren Stiefeltern und Geschwistern. Würden die alle kommen wollen? Wären sie bei Nichteinladung traurig? Wären sie bei Einladung in einer Zwickmühle, weil sie lieber nicht dabei sein würden? All diese Fragen kreisten mir durch den Kopf und ich gab vor beiden Tobis zu, dass ich nicht wusste, wen ich einladen wollte. Und ob ich überhaupt jemand anderen als meinen Mann dabeihaben möchte, weil ich nicht zu viel Brimborium um mich und die ganze Sache machen wollte.

Plötzlich kam ich mir wieder albern vor. Ich ließ mich taufen. Wie schräg musste das für viele, die mich kannten, sein? Was dachten die wohl darüber? Ich hätte mich von niemandem umstimmen lassen, aber meine Eltern wären wohl überrascht von meiner Entscheidung. Bisher hatte ich mit ihnen noch nicht darüber gesprochen. Meine Glaubensreise hielt ich zwischen mir und Frank wie ein kleines heiliges Geheimnis, das nicht von außen torpediert werden durfte, bevor es sich ganz entfalten konnte. Tobias und Tobi spürten meine Überforderung. Und es reichte ein Satz von Vikar Tobias, um mir meine Entscheidung zu erleichtern: »Sieh es mal so: Es ist komplett deine Entscheidung, wen du zu deiner Taufe einlädst. Aber manchen öffnest du damit vielleicht wieder eine Tür.« Eine Tür öffnen. Welch schönes Bild. Und warum eigentlich nicht? Absagen war schließlich erlaubt. Wer sich nicht wohlfühlte, musste ja nicht kommen. Sie waren alle erwachsen und mündig. Ich musste aufhören, für die anderen mitzudenken und Angst vor ihrer Meinung zu haben. Und ich wollte auch niemandem den Weg durch die Tür verwehren. Schließlich freute ich mich über jeden, der zu diesem für mich so wichtigen Tag kommen würde. Also entschied ich, dass ich mich in einem öffentlichen Gottesdienst mit den Zwillingen taufen lassen würde – und ich würde jedem die Tür öffnen. So wie Frank mir die Tür zu seinem Glauben und die Benediktiner in Münsterschwarzach sie mir zu ihrem Kloster und ihrem Verlagsdinner geöffnet hatten.

Drei Stunden, vier Portionen Pommes und acht alkoholfreie Cocktails später war unser Gespräch beendet. Diakon Tobi bedankte sich herzerwärmend für meine Offenheit, für meine Lebensgeschichte und diesen Abend. Sein Mann Tobias tat es ihm gleich und versprach, heute für mich zu beten. Sie gaben mir ihren Segen und ich bedankte mich ebenfalls. Mit feuchten Augen. Ich hätte mir niemals im Leben ein solches Gespräch vorstellen können. Weder den Grund dafür noch seinen Inhalt oder den Verlauf. Ich ging völlig beseelt nach Hause. Mein Herz war so voll.

12

Die Einladung

Weil der Termin zur Taufe nun recht kurzfristig bevorstand, musste jetzt alles schnell gehen. Eine Gästeliste musste her, ein Plan für den Tag, wohl überlegte Worte für die Einladung. Ich wollte, dass diese Einladung meine Gäste auf alles vorbereitete. Sie sollte meinen kirchenfernen Familienmitgliedern und Freunden verdeutlichen, warum ich diesen Schritt machte und besagte Tür öffnen. Deshalb nahm ich mir viel Zeit, um sie zu schreiben.

Ein kleines Gedankenspiel: Ich möchte Sie einladen, sich vorzustellen, einen imaginären Brief zu öffnen. Der Umschlag ist aus rauem Packpapier, ein großer Blumensticker klebt neben Ihrem Namen. Sie öffnen den Brief und finden ein hellgelbes Blatt darin. Es ist längs gefaltet, und darin liegt ein Foto. Ich stehe darauf mit dem Rücken zu ihnen, mein Kopf ist ins Seitenprofil gedreht. Ich lächle und habe einen hohen Zopf, der von einem Regenbogenband zusammengehalten wird. Auf dem Kopf trage ich eine Art bunte Strahlenkrone, selbstgebastelt aus einem Haarreif und farbig angemalten Kabelbindern. Eine breite Regenbogenscherpe ziert mein kurzes schwarzes Kleid. Die Sonne scheint, der Himmel ist strahlend blau. In der linken Hand halte ich ein großes Schild. Darauf steht: »All eure Dinge lasst in der Liebe geschehen. 1 Korinther 16,14«. Das Foto entstand bei der Cologne Pride Parade. Dann fällt Ihr Blick wieder auf das hellgelbe Papier, das Sie jetzt auseinandergefaltet haben. Dort stehen folgende Worte:

Einladung zur Taufe

Noch vor wenigen Jahren hätte ich nicht gedacht, dass ich eine solche Einladung jemals aussprechen würde. Aber die letzten Monate haben viel in mir bewegt und Neues eröffnet. Deshalb hole ich ein wenig aus:

Während die Welt in immer mehr Hoffnungslosigkeit versinkt, spüre ich, wie sehr ich mich dagegen wehren will. Ich sehe nicht ein, dass jeder für sich guckt, wie er klarkommt und hofft, die letzten Jahre auf dieser Erde noch irgendwie zu überstehen. Ich möchte der Hoffnungslosigkeit, dem Pessimismus und Egoismus mit den christlichen Tugenden ***Glaube, Liebe, Hoffnung*** *entgegenwirken. Ich möchte Licht sein, Strahlkraft haben, im Dunkeln vorangehen, für andere da sein.*

Lange dachte ich, ich sei Atheistin, brauche und kenne keinen Gott, will keine Kirche, nichts davon. Aber an irgendetwas Höheres habe ich immer schon geglaubt, ich wollte es nur nicht sehen. Heute erkenne und bewundere ich die Arbeit vieler, die für ihre Gemeinden und Menschen überall auf der Welt eintreten, die das Licht für andere sind, wenn es am dringendsten gebraucht wird. Diese Menschen möchte ich unterstützen. Ich möchte Teil einer Gemeinde sein, Nächstenliebe wirklich leben, helfen, wo ich kann und dem Mist da draußen entgegenwirken. Gefestigt im Glauben, dass wir das gemeinsam besser können.

Deshalb lade ich dich zu meiner Taufe ein.

Der Ort dafür hat kölsche Geschichte.
In der Antoniterkirche mitten in der Innenstadt hat 1968 zum ersten Mal das berühmte »Politische Nachtgebet« stattgefunden. Eine eindrucksvolle Skulptur von Ernst Barlach namens »Der Schwebende« im Inneren der Kirche erinnert an die Verbrechen des Ersten Weltkriegs und der NS-Diktatur. Mein ganzes Leben lang ging ich im Shoppingfieber an der Kirche vorbei und ignorierte sie. Nun soll sie der Ort werden, an dem ich mich taufen lasse.

Ich habe Diakon Tobias, der mich taufen wird, und seinen Mann Vikar Tobias (jep, beides Tobis) kennengelernt und gewusst: Das passt! Das Ganze wird im Rahmen eines öffentlichen, sonntäglichen Gottesdienstes stattfinden. Auch andere Täuflinge, ihre Familien und die Gemeinde werden anwesend sein.

Im Anschluss laden Frank und ich bei uns zu Hause zum Brunch ein.

Ich würde mich freuen, wenn du dabei bist, möchte aber auch klarstellen: Wenn du dich dabei unwohl fühlst, bin ich nicht böse über eine Absage. Religion ist dieser Tage ein heikles Thema, ich verstehe das. Vielleicht kann ich aber auch die Tür zu einer sehr coolen, modernen und offenen Gemeinde öffnen.

Sag mir bitte bis zum 20.9.2023 Bescheid, ob du dabei bist. Und schreib mir gern nach Erhalt des Briefes, dass er angekommen ist.

Alle Infos zu Datum, Uhrzeit etc. findest du auf dem beigelegten Foto.

Ganz liebe Grüße
Nina

Das ist eine Kopie der Einladung, die ich an 23 Menschen verschickte. Ich entschied mich dazu, meinen engeren Familienkreis einzuladen und meine engsten Freunde. Hinzu kamen ein paar neue Freunde, die ich durch Frank kennen- und schätzen gelernt hatte, deren Anwesenheit mich immer froh machte und die an dem Glaubensthema besonders interessiert waren.

Und entgegen meiner Erwartung sagten fast alle zu. Nur zwei hatten andere terminliche Verpflichtungen, aber von den 23 Eingeladenen kamen 21 zu meiner Taufe. Niemand äußerte Bedenken oder Missgunst. Nur mein kleiner Bruder fragte trocken mit einem lachenden Emoji per WhatsApp: »Wieso machst du das?!« Ich entgegnete knapp, dass es sich für mich richtig anfühle und die weiteren Gründe ja in der Einladung stünden. Geschwister eben.

Ich hakte die Gäste auf meiner Liste ab, die zugesagt hatten, und schaute sie mir noch einmal an. Sie alle sollten also Zeuge meiner Taufe werden. Eines Schrittes, der für mich so neu, so unerwartet und gleichzeitig so wichtig war. In wenigen Wochen würde es so weit sein.

Die Zeit bis zur Taufe verbrachte ich mit der Beantwortung vieler Fragen: Wie soll mein Taufspruch lauten? Woher bekomme ich eine Taufkerze? Und was ziehe ich an? Ein weißes Kleid? Sah ich dann nicht aus wie bei einer Hochzeit? Und war das nicht ein wenig drüber? So als sei ich eine Braut Christi? Und warum will ein Kerzengeschäft fünfzig Euro für eine weiße Kerze mit einem einfarbigen Lebensbaum darauf?

Ich fing vorne an. Mein Taufspruch wurde der auf meinem Schild beim CSD: »All eure Dinge lasst in der Liebe geschehen.« Ich wusste zwar, dass dieser Bibelspruch aus dem Korintherbrief vor allem ein Trauspruch war, einer der beliebtesten unter Brautpaaren, aber ich hatte ihn bereits so sehr verinnerlicht, dass ich ihn für passend hielt. Außerdem konnte man den Satz auf so vieles anwenden. Die Dinge in Hass und Angst geschehen zu lassen, schien mir in dieser Welt ein Leichtes geworden zu sein. Aber die Dinge in der Liebe geschehen zu lassen? Davon konnten wir alle profitieren. Außerdem verband ich mit dem Spruch einen inspirierenden und bewegenden Tag, der meinen Weg hierher, zu meiner Taufe, mitgeebnet hatte. Damit war das entschieden.

Der nächste Punkt war meine Taufkerze. Und ich hatte Glück, denn ich fand in Vikarin Judith, die ich am Tage des CSD kennenlernte und deren Gottesdienst ich besucht hatte, eine unerwartete »Taufhelferin«. Da sie nur drei Jahre jünger ist als ich, Kölnerin und vom Schlag Mensch, wie ich sie am liebsten habe (das

Herz auf der Zunge), blieben wir auch nach dem CSD weiter in Kontakt. Ich verstand mich sehr gut mit ihr und traf sie schon bald zum Frühstück. Wir unterhielten uns über meine Taufpläne und ich erzählte ihr, dass ich mich nach Gott sehnte, nach jemandem, der da ist, selbst wenn man sich noch so verloren fühlt. Und dann erzählte sie mir eine Geschichte, bei der mir – wie so oft auf dieser Reise – die Tränen kamen. Judith schenkte mir die *Spuren im Sand*. Es handelt sich dabei um einen christlichen Text, dessen Herkunft unklar ist, aber wohl irgendwann zwischen 1930 und 1970 geschrieben wurde. Es gab mehrere Rechtsstreite zwischen verschiedenen Menschen, die behaupten, die Urheber zu sein. Was zählt, ist aber vor allem der Inhalt, der mich zu Tränen rührte.

Die Geschichte handelt von einem Menschen, der am Ende seines Lebens mit Gott gemeinsam über einen Strand läuft. Neben ihnen rauscht das Meer, am Firmament erscheinen einzelne Erinnerungen aus seinem Leben. Dann erreichen beide die letzte Erinnerung, der Mensch schaut zurück auf sein Leben und sieht zwei Paar Fußabdrücke im Sand. Seine und die von Gott, der ihn sein ganzes Leben lang begleitet hat. Doch … nur *fast* sein ganzes Leben, so scheint es. In den schwersten Situationen, wenn das Leiden am größten war, schlimmste Angst und Hoffnungslosigkeit herrschten, dort ist nur ein Paar Fußspuren zu sehen. Der Mensch fragt Gott, warum er ihn ausgerechnet in diesen Momenten allein gelassen habe. Warum verließ Gott ihn, wenn er ihn am meisten brauchte? Und Gott antwortet: »Dort, wo du nur eine Spur siehst, da habe ich dich getragen.«

Mein Leben lang habe ich mir immer wieder unbewusst jemanden gewünscht, der mich trägt. Es gab viele Situationen, in denen ich für andere Raubbau an mir selbst trieb. Das hat nur kaum jemand gemerkt, weil gerade die, die mir am nächsten sind, meine Hilfe und meine Geduld gewohnt sind. Als ich die Geschichte »Spuren im Sand« hörte, kamen mir genau deshalb die Tränen. Sie sprach mir aus der tiefsten Seele. Gott hat mich durch die Phasen getragen, in denen es am schwersten war. Ich war nicht allein. Er war da, auch, wenn ich ihn nicht sehen konnte. Ich mag die Vorstellung, nicht alles aus eigener Kraft heraus geschafft zu haben und schaffen zu müssen. In Zukunft weiß ich, dass Gott da ist. Dass mich jemand trägt, wenn ich nicht mehr kann. Und ich weiß, ich muss nicht alles allein schaffen.

Am Ende unseres Gesprächs freute sich Judith sehr über meine Entscheidung, mich taufen zu lassen, und erklärte mir, dass sich normalerweise die Eltern um eine Taufkerze kümmern und sie ihrem Kind mitgeben. Da ich aber ein erwachsener Täufling war und meine Eltern getrennt, könne ich mir auch selbst eine basteln. Sie bot mir ihre Hilfe an und ich lud sie zu Tee und Wein zu uns nach Hause ein.

In den kommenden Tagen kaufte ich alles ein, was mir für meine eigene Taufkerze in den Sinn kam: bunte Wachsbögen, christliche Symbole, Wachsfarben. Ich besah mir den Inhalt des Korbs, als ich mich ausgetobt und eine weiße Kerze dazugelegt hatte: Aus alledem wird meine Taufkerze entstehen, die wir am Taufbecken entzünden werden – und die immer auf unserem Hausaltar brennt, wenn es etwas zu feiern gibt. Diese Kerze wird das Licht im Dunkeln sein und leuchten. Egal, wie düster es ist. Eine schöne und beruhigende Einsicht.

Judith und ich experimentierten mit Wachs auf Testkerzen herum, wechselten uns mit dem Bemalen ab und hörten dabei eine ältere Schallplatte der Hip-Hop-Combo »The Roots«. Die angehende Pfarrerin, die gern Hip-Hop hört, das gefiel mir. Als die Kerze fertig war, besah ich sie mir voller Vorfreude. Ein goldenes Taufkreuz mit blauen Wellen, daneben mein Taufdatum (24.09.2023) und mein Name. Weiße Tauben auf goldenen Kreisen für den Heiligen Geist und den Frieden, ein flammendes Herz für die Liebe und die niemals erlöschende Hoffnung, eine Lebensspirale, die mich an das Labyrinth in Münsterschwarzach erinnert, das ich dort jeden Tag mehrmals durchlief. Das sollten die Symbole sein, mit denen ich getauft werden würde. Frank und ich stellten die Kerze feierlich auf unseren Hausaltar, wo sie darauf wartete, endlich ihren großen Tag zu haben. Jeden Morgen, wenn ich wie immer ein Räucherstäbchen anzündete, betrachtete ich sie ehrfürchtig. Nur noch ein paar Mal schlafen.

13

»Ja, mit Gottes Hilfe«

Alles war bereit. Ich sah vom Kleid ab und wählte stattdessen eine weiße Bundfaltenhose, einen weißen Blazer und ein weißes Shirt. Knallblaue Heels. Schließlich war dieser Täufling immer noch eine modeaffine Kölnerin. Um zehn Uhr fand der Gottesdienst statt. Ich wartete mit Frank und seiner Tochter schon eine halbe Stunde vorher in der kühlen Morgenluft vor der Antoniterkirche und war ein Nervenbündel. Die Schildergasse, die von Montag bis Samstag trubeliger nicht sein kann, lag still in der Morgensonne. Sonntags kommen nur wenige Leute hier vorbei. Und dann hörten wir leisen Chorgesang. Wir folgten ihm bis in die Kirche hinein und mir wurde klar: Der Chor probt für den Gottesdienst! Tobi hatte das für die beiden anderen Täuflinge und mich klargemacht! Ich war schon bei einem regulären Gottesdienst in der Antoniterkirche. Den Chor hatte ich dabei noch nie gehört. Das musste also eine dieser Überraschungen sein, von denen Tobi mir ein paar Tage vorher verschwörerisch erzählt hatte. Er hatte wirklich den Chor bestellt, der aus dem verhaltenen Murmeln der Kirchenlieder einen vollen, harmonischen Klang machen würde. Halleluja! Ich lauschte dem Gesang, der warm durch die hohen Hallen der Kirche flog, und war voller Glück. Als wir wieder hinaustraten vor die Kirchentür, war noch keiner meiner Gäste zu sehen. Ob sie alle herfinden würden? Einen Parkplatz bekommen? Oder doch krank oder lustlos wurden und nicht kamen? Doch nach und nach trudelten alle ein. Meine Familie und meine Freunde kamen vorfreudig, neugierig auf mich zu. Mein Vater und seine Frau, die aus Berlin angereist waren, drückten mich fest, Freunde aus Hamburg, die ich noch nie an einem anderen Ort als auf St. Pauli gesehen hatte, folgten. Meine Mutter und ihr Mann sowie Franks Eltern aus dem Umland, meine Brüder und mein Stiefvater aus Kerpen. Mein Opa und seine Lebensgefährtin vom Niederrhein. Die älteste Freundin meiner Mutter und schon immer meine inoffizielle Patentante, kam mit ihrem großen Lächeln dazu. Auch meine älteste Freundin K. war dabei und brachte selbst gebackene Pasteis de Nata mit. Ich war so gerührt, sie alle hier zu sehen. Es gab eine Vorstellungsrunde, Hände wurden geschüttelt. Wie hübsch sich alle gemacht hatten! Und all das nur für mich? Für meine Taufe? Ich konnte das immer noch nicht so richtig glauben – bis Tobi aus der Kirche kam. Er hatte wieder dieses einnehmende, gewinnende Lächeln im Gesicht, als er sich vorstellte und alle hineinbat.

Dann begann der Gottesdienst. Zur Begrüßung nannte Tobi die Namen der Täuflinge. Als er meinen nannte, schaute er zu mir und ich verdrückte Träne um Träne. Ich fühlte mich von so viel Wärme und Liebe umgeben, gesehen und wahrgenommen. Tobi vollzog den Gottesdienst nicht allein. Sein Mann Tobias und meine neu gewonnene Freundin Vikarin Judith standen ihm zur Seite. Neben mir saß meine dreizehnjährige Stieftochter, die meine Hand hielt und immer wieder verstohlen zu mir hochschaute, während ich mir immer wieder die Tränen aus dem Gesicht wischte. Frank reichte mir Taschentücher, bis sein Vorrat aufgebraucht war. Es fühlte sich an, als würde an diesem Morgen alles von mir abfallen: Angst, Zweifel, das ungute Gefühl, nicht richtig zu sein, allein zu sein, der ganze Schmerz der letzten Jahre. All das wich der Dankbarkeit und Freude, heute hier sein zu dürfen und diesen Schritt zu gehen.

Tobi hielt einen wunderschönen Gottesdienst, der mich zutiefst bewegte. Die beiden Babys, die ebenfalls auf ihren großen Moment warteten, weinten nicht, krächzten nicht, lagen einfach nur in den Armen ihrer Mutter und ihres Taufpaten. Frieden in ihnen. Und in mir. Tobis Worte trafen mich mitten ins Herz, der mir damit zeigte, dass ich dazugehöre, zu einer Gemeinde, zu dieser Kirche, zu Gott. Ich wurde so angenommen, wie ich war. Ich war willkommen. Natürlich würde es auch wieder schwierige Zeiten geben. Aber dieses Mal wusste ich um mein Sicherheitsnetz, um meine Stütze, darum, von Gott getragen zu werden, wenn ich nicht mehr laufen wollte oder konnte. Mir konnte nichts geschehen.

Als der Moment gekommen war und die Taufe kurz bevorstand, erinnerte ich mich an Tobis Worte beim Taufgespräch: »Mach dir keine Sorgen, das Glaubensbekenntnis musst du nicht auswendig lernen, aber du musst es bejahen. Und was gibt es sonst noch zu wissen? Ach ja: Du wirst nass!« Tobi wandte sich zunächst an die anderen beiden Täuflinge, sagte das Glaubensbekenntnis auf, das die Eltern bejahten. Und dann wand er sich vor allen Anwesenden an mich. Während er das Glaubensbekenntnis sprach, spürte ich meine Brüder, meine Stiefeltern, meine alten und neuen Freunde hinter mir. Meine Mutter, meine Patentante, meinen Vater und ihre Angetrauten, meine Stieftochter und meinen Mann neben mir. Sie alle waren hier. Für mich. Für diesen Moment. Und ich sagte laut zu Tobi: »Ja, mit Gottes Hilfe.«

Ich bekam vor Tränen der Rührung kaum Luft, als ich zum Taufbecken schritt. Zuerst waren die anderen beiden Täuflinge dran. Und dann bat Tobi mich nach vorn. Während ich diese Zeilen schreibe, kommen mir wieder die Tränen. Ich werde den Moment nie vergessen, in dem ich vor ihm stand. Tobi sagte: »Nina. Du bist schon länger mit Gott unterwegs. Und es ist ein ganz entschiedenes Ja, das du heute abgibst und durch deine Taufe bestätigst.« Wie recht er hatte. Es war ein viel entschiedeneres Ja, als ich selbst jemals gedacht hatte. Das hier war die Konsequenz meines bisherigen Lebens.

Tobi fuhr fort (und mir liefen weiterhin Tränen übers Gesicht): »Es ist einfach schön, diesen Weg mit dir gemeinsam gegangen zu sein. Mich hat das so beschenkt. Danke dafür. Nina, ich taufe dich im Namen des Vaters und des Sohnes und des Heiligen Geistes. Amen. Der Gott der Gnade, der dich berufen hat, zu seiner ewigen Herrlichkeit, er komme auf dich und bleibe bei dir. Von nun an und bis in Ewigkeit. Nimm hin das Zeichen des Kreuzes auf deiner Stirn und auf deiner Brust. Du gehörst zu Jesus Christus, dem Auferstandenen. Du wirst leben.«

Du wirst leben.

Auf einmal hatte ich das Gefühl, mich endlich fallenlassen zu können. Was auch immer passiert. Ich werde leben. Ich lehnte mich über das Taufbecken und bekam dreimal Wasser über den Kopf. Dann forderte Tobi die Gemeinde auf, mir ihren Segen zu geben. Meine Stieftochter kam als Erstes. Sie tauchte vorsichtig ihren Finger ins Taufwasser und malte mir ein kleines Kreuz auf die Stirn. Wir lächelten einander schüchtern an. Frank folgte, ehe auch meine Mutter nach vorne kam und mir ihren Segen gab. Zuletzt kam mein Vater auf mich zu. »Ich will auch«, sagte er leise und strich mir, nachdem er mir seinen Segen gegeben hatte, liebevoll über den Kopf. Das war das, wonach ich mein ganzes Leben lang gesucht hatte. Dieser Frieden, diese Liebe. Und beides war genau hier. Ich war ein verheulter, endlos glücklicher Täufling mit verlaufener Mascara im Gesicht. Und dieser verheulte Täufling gehörte jetzt zu Jesus Christus. Und zu Gott. Und zu dieser Gemeinde.

Judith zündete meine Taufkerze an, die sie mit mir gebastelt hatte. Sie erklärte: »Die wehende Geisteskraft Gottes hat dich bestärkt, nicht nur auf der Deutzer Rheinbrücke, als du deinen Taufspruch vor dir hertrugst bei der CSD-Parade. Möge er dich begleiten und möge er die Reise deines Glaubens, die dich zu deinem Inneren geführt hat, auch nach außen führen, sodass das Licht der Hoffnung ausstrahlt. Gott schenke dir ein brennendes Herz.« Sie deutete dabei auf die Lebensspirale und auf das Herz mit Strahlenkrone, das wir auf das weiße Wachs gemalt hatten. Und damit war es vollbracht. Tobi animierte alle zum Applaus und die ganze Kirche, inklusive Chor, klatschte für ihre drei neuen Gemeindemitglieder. Endlich war ich angekommen.

Nach der Taufe sang der Chor ein ergreifendes Lied, den »Irischen Segen« von Bob Chilcott. Tobi hielt daraufhin eine Predigt, die nicht nur meine Mutter zu Tränen rührte. »Das war ja wohl die geilste Predigt ever!«, sagte sie danach zu mir. Und sie hatte recht. Tobi sprach von der Kirche als sicherem Ort, an dem es nicht nur um Erfolgsgeschichten geht, sondern Schwäche erlaubt ist. Ich fühlte mich durch seine Worte so befreit. Ich hatte viel zu lange verinnerlicht, nicht schwach sein zu dürfen, sondern immer weiterzukommen, stets stark zu sein, ein Fels in der Brandung und unumstößlich.

»Wo Kirche draufsteht, da ist Gnade und Liebe drin!« Dieser Satz sagte alles. Deshalb fand ich trotz aller Um- und Irrwege hierher. Ans Taufbecken. In den Gottesdienst. Tobi sprach vom Vertrauensvorschuss, den Gott jedem von uns gewährt. Vertrauen. Hoffnung. Liebe. Gnade. Glaube. Ich hatte all das hier gefunden. Und ich würde allem treu bleiben. Meiner Kirche, meinem Glauben, meiner Community.

Bei meinem Taufgespräch warnte Tobi mich davor, keine zu hohen Erwartungen daran zu haben, was nach meiner Taufe passiert. Die Kirche habe keine Antworten auf all meine Fragen und sie kann einen genauso enttäuschen wie jede andere Institution auch. Ich erklärte ihm selbstbewusst, dass ich mir keine Antworten erhoffe. Und damit war alles gesagt. Ich hatte die Antwort in mir selbst gefunden, als ich erkannte, dass ich zur Kirche, einer Glaubensgemeinschaft und Gott gehören möchte. Mehr Antworten brauchte ich nicht. Deshalb schließe ich dieses Kapitel mit Worten aus Tobis Predigt: »Mit Trost und dem richtigen Tritt in den Hintern lasst uns unseren Glauben fröhlich und weltoffen leben. Die Welt braucht Gnade und Liebe. Deswegen: Werft euer Vertrauen nicht weg. Amen.«

14

Glaube, Liebe, Hoffnung

Hinter mir liegt eine Glaubensreise, die einem Wollknäuel ähnelt, das meine Katzen in die Pfoten bekommen haben: verworren, verknotet, verwurschtelt. Dennoch gibt es irgendwo einen Anfang und ein Ende. Der Anfang ist das Vinzenz Pallotti Krankenhaus in Bergisch Gladbach. Das Ende ist tief im Wollknäuel versteckt, aber ein paar Meter Faden haben sich nach und nach gelöst und stoppen genau hier, an unserem 200 Jahre alten Schreibtisch, an dem ich gerade diese Zeilen schreibe. Unter diesem Schreibtisch hat sich schon kichernd meine Mutter vor ihrem Opa versteckt, als sie noch ganz klein war. Ein Familienerbstück. Als mein Uropa, den ich nie kennengelernt habe, noch daran arbeitete, standen die Menschen vor der Kirche Schlange, um zum sonntäglichen Gottesdienst eingelassen zu werden. Es wurde anders gepredigt, über andere Themen gesprochen. Alle machten sich schick und nahmen andächtig auf den Kirchenbänken Platz. Heute stehen die Menschen meist nicht mehr Schlange vor dem Gottesdienst. Die Zahl der Kirchenaustritte ist so hoch wie noch nie in der Geschichte. Die Gesellschaft ist weitestgehend entkirchlicht. Und die, die dennoch in den Gottesdienst gehen, machen sich auch nicht mehr schick, sondern tragen Funktionsjacke und

Jeans statt Wollsakko und Krawatte. Dabei ist jeder Gottesdienst eine Feierlichkeit, ein Grund, sich zu freuen und das auch zu zeigen. Kein »Depressionsverstärker«, sondern ein Fest, bei dem die Gäste zusammenstehen und sich einer gemeinsamen höheren Sache widmen. Mich rührt in jedem Gottesdienst die Geste, mich dem Sitznachbarn vor, neben und hinter mir zuzuwenden, ihm oder ihr die Hand zu schütteln und Frieden zu wünschen. Man kennt einander nicht, aber man weiß, dass man gemeinsam ist. Diese Gemeinsamkeit, die Geselligkeit und der Zusammenhalt sind es, die mich im tiefsten Inneren stärken und nach dem ich so lange gesucht habe. Deshalb bin ich eingetreten, habe mich taufen lassen.

Die heutige Welt erlebt immer mehr Trennung, alles geht hin zum Individuum, und wer am meisten Geld hat, gewinnt. Aber wir sind alle hier, und wir dürfen uns in der Zeit, in der wir hier sind, umeinander kümmern. In einer Gemeinschaft unter Gott oder an wen auch immer jemand glaubt oder nicht glaubt. Die Hauptsache ist, einander nicht zu verlieren.

Die Menschen, die einen Glauben haben, sind die, die mir Hoffnung machen in dieser Welt. Da ist zum Beispiel der DHL-Lieferant, der beim Ausladen am Paketshop sieht, dass ich das riesige Paket nicht selbst nach Hause tragen kann. Er bietet mir an, mich bis vor die

Tür zu fahren. Ich frage noch, ob das nicht seine Zeiten »versaut«, aber er winkt nur ab. Und tatsächlich fährt er mit mir um den ganzen Block, Einbahnstraße um Einbahnstraße, um mich nicht nur vor meiner Haustür abzusetzen, sondern das Paket auch noch bis vor die Wohnungstür zu schleppen. Es ist Sommer, 35 Grad heiß, mitten am Tag, und der Mann hat noch stundenlanges Ausliefern vor sich. Als ich ihm vor lauter Dankbarkeit etwas Geld geben will, lehnt er ab und meint nur: »Der liebe Gott sagt: Jeden Tag eine gute Tat.« Als er sich mit einem strahlenden Lächeln verabschiedet, sehe ich, dass er einen Rosenkranz auf den Oberarm tätowiert hat.

Da ist aber auch die Kellnerin in einem unserer Stammrestaurants. Sie hat ein kleines Kreuz hinter das rechte Ohr tätowiert. Als wir sie danach fragen, erklärt sie uns, dass sie katholisch aufgewachsen ist und gerade mit einer App die Bibel liest. Sie nutze die App, damit sie in der Bahn nicht komisch angeschaut wird. Außerdem bekomme sie dort so gute Erklärungen für die Passagen, die sie nicht verstehe. Zuletzt hat sie die deutsche Übersetzung des Korans gelesen, einfach, weil es sie interessierte. Die Kellnerin ist eine junge schmale Frau, immer gestylt, lange, künstliche Fingernägel, Extensions, tätowierte Hände wie Frank und ich. Wir hätten wohl voneinander nie gedacht, dass wir mit dem christlichen Glauben etwas gemeinsam haben.

Und da sind meine neuen Kirchenfreunde, Diakon Tobi, sein Mann Vikar Tobias und die Vikarin Judith, die sich den Menschen wirklich annehmen, sie sehen und spüren. Die etwas neu machen wollen in der Kirche und die mir das Gefühl geben, in ihrer Gemeinschaft angenommen zu sein – völlig egal, wie lange ich schon an Gott glaube und was ich vorher geglaubt habe. Die mir mit Wärme und Offenheit begegnen, mich an die Hand nehmen und für mich beten. Für die »einen Segen geben« nicht nur eine Floskel ist, sondern gefühlter und gelebter Glaube.

Da ist Frank, mein Mann, für den sein Glaube bedeutet, auch nach links und rechts zu schauen. Der sich bei der Caritas engagiert und Barmherzigkeit für Freunde in Not zeigt, auch dann, wenn er selbst gerade mit Problemen zu kämpfen hat. Der Freunden und Freundinnen ewig lange Briefe schreibt, wenn es ihnen gerade nicht gutgeht, der Pakete an Menschen verschickt, die eine Aufmunterung brauchen, und der Bücher schreibt, die nicht nur mir, sondern vielen, die ich treffe, in sehr finsteren Zeiten ein Licht geschenkt haben.

Und da sind so viele andere gläubige Menschen, die mich mit ihrem zugewandten Wesen beeindruckten. Zum Beispiel die Jesuiten in Hamburg, bei denen ich in der Küche sitzen durfte, die mir eine Rosinenstulle mit Honig schmierten und einen Kräutertee kredenzten. Ich sang an diesem Tag im Kleinen Michel als Begleitung zu Franks Lesung. Einen von ihnen habe ich mit einem Stück von Lana Del Rey sehr berührt, wie er mir im Nachhinein sagte. Es handelt sich um ebendieses Stück, das ich auch in Münsterschwarzach sang, am Tag, an dem ich den Abt kennenlernen und mit ihm dinieren durfte. Oder auch die Benediktinermönche des Klosters Münsterschwarzach und ihr Abt Michael Reepen, die mich willkommen hießen – als Fremde und Ungetaufte.

Meine Glaubensreise hat mich verändert. Ich ertappe mich heute dabei, wie ich andere über meinen Glauben oder die Kirche aufkläre, wenn ich kritische Töne höre. Nicht von oben herab, nicht angriffslustig. Ich muss sogar schmunzeln, denn ich höre mich selbst in ihnen und verstehe Teile ihrer Kritik. Doch weiß ich heute: Glaube und Kirche ist mehr als Vorurteile. Mehr als Medienberichterstattung. Mehr als das Schlimme, das im Namen Gottes verübt wurde. Ich weiß, wie viel Gutes in *Glaube, Liebe, Hoffnung* steckt. Und ich trete dafür an, geschehenes Unrecht aufzuklären und mit neuer Hoffnung nach vorne, in die Zukunft zu gehen. Erst, wenn wir bereit sind, hinter die finsteren Kulissen zu blicken, können wir den kleinen Funken entdecken, der sich darin versteckt. Nach allem, was ich in den 32 Jahren meines noch jungen

Lebens erleben durfte und wo es mich hin verschlug, kann ich heute unmöglich behaupten, es gäbe keinen Gott. Ebenso kann, nein, will ich nicht behaupten, alles sei verloren und jeder sei auf sich allein gestellt. Solange wir einander haben, fest im Vertrauen und in unserem Glauben (wie auch immer der aussieht) verankert, kann uns nichts passieren.

Danksagung

Dieses Buch würde ohne so viele großartige Menschen nicht existieren. Ihnen allen möchte ich danken. Vorweg dem Vier-Türme-Verlag für das Vertrauen in mich und das Interesse an meiner Glaubensreise. Abt Michael Reepen für das erhellende Gespräch beim Verlagsdinner, für seine Offenheit und Herzlichkeit. Ebenso möchte ich den Benediktinermönchen von Münsterschwarzach für ihre Gastfreundschaft danken. Ich danke Marlene Fritsch für das Lektorat. Es hat mich gelehrt, dass manchmal mit weniger Worten mehr gesagt ist. Und ich danke ihr für das große Engagement, meine Idee in ein Buch zu verwandeln. Diakon Tobi und seinem Mann Pfarrer Tobias danke ich von ganzem Herzen für ihre Bereitschaft, mich in die Gemeinde der Antoniterkirche aufzunehmen. Ich danke euch für die schönste Taufe, die ich mir hätte vorstellen können, für eure Worte und Herzlichkeit, für die Wärme, die ihr mir als Neuling entgegengebracht habt. Ebenso möchte ich Pfarrerin Judith danken. Für deine tatkräftige Unterstützung beim Christopher Street Day, für deine Worte bei meiner Taufe und deine Hilfe beim Basteln meiner Taufkerze. Immer, wenn ich sie betrachte, denke ich an unseren Hip-Hop-Abend, an unsere guten Gespräche und die

»Spuren im Sand«. Charly, auch dir danke ich für die Möglichkeit, mit dir den CSD in Köln zu rocken. Ohne dich wäre vieles, das darauf folgte, womöglich nie passiert. Der Kunststation Sankt Peter rund um Pfarrer Kessler SJ danke ich für die besonderen Gottesdienste und Momente, die ich unter anderem in der Kirche und bei unserer Lesung im Domforum erleben durfte – *»... and one for the road«*. Mein Dank gilt außerdem meiner Familie für die Gespräche, die wir in diesem Jahr zum Thema Glauben und Religion führen konnten, für eure Erzählungen und Erfahrungen. Mama und Papa, ihr habt euch entschlossen, mich nicht taufen zu lassen, dennoch habt ihr mich bei meinem Vorhaben unterstützt, es nicht verurteilt, sondern euch für mich gefreut. Ihr wolltet, dass ich eines Tages meine eigene Entscheidung treffe. Das habe ich getan und bin dankbar für euren Segen am Tag der Taufe. Vielleicht konnte ich auch euch die Tür wieder einen Spalt öffnen. Danke auch an all die Menschen, die zu meiner Taufe gekommen sind und diesen wertvollen Moment mit mir zusammen gefeiert und mit mir das ein oder andere Tränchen verdrückt haben. Ich danke Franks Tochter Marlene Teresa fürs Händchenhalten in der Kirche und das abendliche Gebet, das ich alle zwei Wochen hören darf und am liebsten mitrappen möchte, weil du es so rhythmisch vorsingst. Und ich danke meiner großen Liebe Frank – und weiß gar nicht, wo ich anfangen soll. Dein Glaube fasziniert und beflügelt mich. Durch deine Bücher und die wertvollen Gespräche mit dir habe ich mich meinem eigenen Glauben öffnen können. Du nahmst mich mit nach Münsterschwarzach und hast nicht nur meine musikalische Seite gefördert. Du warst es, der mich trotz meiner großen Selbstzweifel ermutigte, einen ersten Text zu diesem Buch beim Verlag einzureichen. Du glaubst an meine Worte, mein Schreiben, an mich. Und dafür bin ich dir zutiefst dankbar.

Am Schluss möchte ich all den Menschen da draußen danken, die sich nicht von der Dunkelheit verschlingen lassen, sondern die Fahne von *Glaube, Liebe, Hoffnung* hochhalten. Die tatkräftig dort helfen, wo es nötigt ist, die sich für andere einsetzen, die ein Licht für jeden sind.

Bibliografische Information der Deutschen Nationalbibliothek
Die Deutsche Nationalbibliothek verzeichnet diese Publikation in der Deutschen Nationalbibliografie. Detaillierte bibliografische Daten sind im Internet über http://dnb.d-nb.de abrufbar.

Ohne Folie
Für unsere Umwelt

MIX
Papier | Fördert gute Waldnutzung
FSC
www.fsc.org
FSC® C014889

in Deutschland produziert

1. Auflage 2024
© Vier-Türme GmbH, Verlag, Münsterschwarzach 2024
Alle Rechte vorbehalten

Lektorat: Marlene Fritsch
Umschlaggestaltung: Anja Marschhäuser, unter Verwendung von Motiven von nerudol/iStock.com und NYS444/iStock.com
Druck und Bindung: Pustet, Regensburg

ISBN 978-3-7365-0556-8
www.vier-tuerme-verlag.de